庄子

内篇释义

杨国荣 著

中华书局

图书在版编目(CIP)数据

庄子内篇释义/杨国荣著. —北京:中华书局,2021.2
(2023.7 重印)
ISBN 978-7-101-14931-9

Ⅰ.庄⋯　Ⅱ.杨⋯　Ⅲ.①道家②《庄子》-研究　Ⅳ.B223.55

中国版本图书馆 CIP 数据核字(2020)第 231535 号

书　　名　庄子内篇释义
著　　者　杨国荣
责任编辑　石　玉
责任印制　陈丽娜
出版发行　中华书局
　　　　　(北京市丰台区太平桥西里 38 号　100073)
　　　　　http://www.zhbc.com.cn
　　　　　E-mail:zhbc@zhbc.com.cn
印　　刷　大厂回族自治县彩虹印刷有限公司
版　　次　2021 年 2 月第 1 版
　　　　　2023 年 7 月第 2 次印刷
规　　格　开本/880×1230 毫米　1/32
　　　　　印张 10⅛　插页 2　字数 180 千字
印　　数　5001-7000 册
国际书号　ISBN 978-7-101-14931-9
定　　价　35.00 元

目 录

前言

一

庄子（约公元前369–前286），姓庄，名周。宋国蒙人（今河南商丘）。曾任"漆园吏"（管漆园的小吏）[1]。因家贫，一度向监河侯借粮[2]。《史记》曾记载："楚威王闻庄周贤，使使厚币迎之，许以为相。"[3]但对楚国之相这一职位，庄子并未予接受。由此可以推知，庄子在当时已有一定知名度，但他却不愿参与当时上层的政治活动。庄子的哲学思想，主要体现于《庄子》一书之中。

司马迁曾说庄子"著书十余万言"[4]，但未提及《庄子》一书的篇数。《汉书·艺文志》著录的《庄子》为五十二篇，

---

① 司马迁：《史记·老子韩非列传》。
② 参见《庄子·外物》（本书《庄子》引文，所据版本为郭庆藩《庄子集释》，中华书局，2004年。下同）。
③ 司马迁：《史记·老子韩非列传》。
④ 同上。

郭象所注《庄子》，则仅三十三篇。现存《庄子》同时有内、外、杂篇之分，这种分篇至少在汉代已出现。在郭象之后，内、外、杂篇的分别，大致趋于定型，今本《庄子》基本上便源于此。

近代以来，一些论者每每认为内篇为庄子所著，外、杂篇则非庄子的作品；对非庄子所作的各篇，或者视为伪作，或者理解为庄子后学之作。然而，关于《庄子》一书更合理的理解，是将其视为一个整体。尽管《庄子》各篇具体出于何人之手、形成于何时，以现有的材料可能尚难确切考定，但它奠立于庄子，具有自身主导的哲学观念和基本的学术立场，这一点又显然不应有疑问。概要而言，可以将庄子视为《庄子》一书的观念主体，把《庄子》一书看作庄子的思想载体。

然而，尽管《庄子》一书在思想内涵上应该被理解为一个整体，但历史地看，内、外、杂篇之分已成为文献衍化中形成的既成形态，这一事实表明，在文献形态上，内、外、杂篇已具有相对独立的意义。基于这一前提，无疑可以在确认《庄子》一书具有整体性的同时，又对其不同部分作分别的考察。本书之作即以此为出发点，而所释的对象，则是《庄子》内篇。

在内篇的释义展开之前，从总体上对庄子思想作一概述，无疑是必要的：它既可为内篇的释义提供一个思想背景，也有助于理解其中的具体意义。就先秦哲学的衍化而言，庄子的关注重心首先在天人之辩。在庄子关于天人关系的讨论中，一方面，可以看到对人自身存在意义的关切；另一方面，又不难注意到以"天"规定"人"、将礼义文明的演化视为自然之性（人的天性）失落根源的立场，后者以"无以人灭天"为指向。以齐物立论、强调"道通为一"，构成了庄子又一哲学主张，与之相联系的是对基于道的真知与真人的追求，后者进一步体现于逍遥之境。

二

在天人关系上，庄子首先对人与物作了区分，反对将人等同于物："丧己于物、失性于俗者，谓之倒置之民。"① "己"即以个体形式表现出来的"人"，"性"则是人的内在规定或本质，在庄子看来，作为人的个体形态，自我（"己"）具有对于物的优先性；同样，作为人的内在规定，人之性也高于名利等世俗的价值，一旦将自我消解在物之中或使人的内在规定失落于名利的追求，便意味着颠倒人与物的关系。

按庄子之见，礼乐等文明形态，虽是人之所为，但并不能真正体现"人"之性。庄子特别强调外在之"礼"与内在之"真"的区别："礼者，世俗之所为也；真者，所

---

① 《庄子·缮性》。

以受于天也，自然不可易也。故圣人法天贵真，不拘于俗。"①"礼"只是世俗所理解的外在形式，"真"则是人的内在之性，它源于天而又内在于人。不难看到，在庄子那里，人的内在规定，同时又以天（自然）为其内容。"天"与"人"的以上关系，呈现相互交错的形态：人通过"天"而达到了自身的真实规定，"天"则体现了人的价值理想而并非隔绝于人。也正是在相近的意义上，庄子将理想人格称之为"天人"："不离于宗，谓之天人。"②"宗"指本原或本然的规定，它构成了存在的内在根据，对人而言，"不离于宗"，亦即本于天性，"天人"则是合乎天性之人或自然之人。它从人的在世过程这一层面，肯定了"天"与"人"的相融。

从上述观点出发，庄子进一步区分了"人之天"与"天之天"，并主张开"天之天"："不开人之天，而开天之天。开天者德生，开人者贼生。"③"人之天"即受到人作用之天，"天之天"则是本然之天；开人之天，意味着对自然（"天"）的变革，开天之天，则是维护或回复存在的本然形态。按庄子的看法，单纯地以"人"变革"天"，往往将导向失性于俗；维护存在的本然形态，则可避免以上的归

① 《庄子·渔父》。
② 《庄子·天下》。
③ 《庄子·达生》。

宿，并使人的本真之性得到充分实现。对天人关系的以上理解，与儒家显然有所不同。就人的存在而言，儒家倾向于化天性为德性或化"天之天"为"人之天"，这一过程在总体上体现了人道原则的主导性：从天性向德性的转化，以确认人道原则对于自然原则的优先性为前提。相形之下，在庄子关于"天之天"与"人之天"的如上辨析中，"天"作为自然原则，显然处于更优先的地位，而对"开人之天"的否定（"不开人之天"），则同时表现出对人文原则或人道原则的某种疏离。

可以看到，在天人之辩上，庄子首先通过人与物的区分，提出了合乎人性的生存如何可能这一深沉的问题；如上思维进路内在地体现了对人的存在价值的肯定。然而，另一方面，庄子又由强调人的本真之性的失落与礼义文明的关联，进而以批判的眼光看待文化的发展与文明的演进，并在某些方面对自然的人化及文明的产物持责难甚至否定的立场。天人关系上的二重性，同时交错着人道原则与自然原则的张力：对人的物化（"以物易性"、"以物易己"）的否定以及人自身价值的确认，无疑多方面地渗入了人道的观念，但"不开人之天"等主张，又在强调自然原则的同时表现出对人道原则的某种认同困难。

三

天人之辩在实质的层面突出了人的主题，对人的考察，同时又与天道相联系。庄子提出"齐物"之说，并融"齐"、"通"的观念于整个思想系统。作为庄子的核心概念之一，"齐"与"通"首先相对于"分"与"别"、"界"与"际"而言，立论于"齐"、"通"，意味着超越分别、界限、分际，关注统一的存在形态。以"道通为一"、"以道观之"为内涵，"齐"、"通"体现了对世界的理解，后者又具体地展开于物我关系与是非之域。

庄子首先追溯了世界的原初形态，认为它既无时间上的先后之分，也不存在"有""无"之别。世界的这种无"分"与无"别"形态，更内在地体现于道与万物的关系之上，从庄子与东郭子的如下对话中，可以具体地看到这一点："东郭子问于庄子曰：'所谓道，恶乎在？'庄子曰：'无所不在。'东郭子曰：'期而后可。'庄子曰：'在蝼蚁。'曰：'何其下邪？'曰：'在稊稗。'曰：'何其愈下邪？'曰：'在瓦甓。'曰：'何其愈甚邪？'曰：'在屎溺。'东郭子不应。"①"道"在形而上的层面有存在的本原、根据、法则等多重涵义，在以上对话中，它首先与存在的本原及根据相联系。蝼蚁、稊稗、瓦甓等等，泛指价值形态较低的存在形式，庄子认为道内

---

① 《庄子·知北游》。

在于这些事物，既强调了道无所不在，也肯定了作为存在本原、根据的道与具体的事物无截然相分的界限。不难看到，在这里，道的内在性的实质涵义，在于道与万物为一。

　　然而，经验世界本身呈现多样的形态，身处其中，人们往往面对着各种具体的区分和差异，如何理解这种"分"和"异"？庄子从不同方面对此作了解释。大小、寿夭等是经验世界（包括生命领域）中普遍存在的差异，但在庄子看来，这种差异并不构成事物之间绝对的界限。《齐物论》对此作了如下论述："天下莫大于秋豪之末，而大山为小；莫寿于殇子，而彭祖为夭。天地与我并生，而万物与我为一。"从外在的形态及生命的延续上看，泰山与秋豪（毫）、殇子与彭祖无疑相去甚远，但就它们都内含"道"而言，其差异又具有相对性：在与"道"为一等方面，秋豪（毫）并不为小，殇子也非完全为夭。同时，相对于具有本原、根据意义的存在形态（"道"），作为特定对象的泰山、彭祖则并非为大、为寿。另一方面，庄子又强调："通于天地者，德也。"① "德"在本体论上可以理解为内在于具体事物的存在根据，在万物各有自身的规定（德）这一点上，它们无疑有相通的一面。同样，大小、寿夭等方面呈现外在差异的事物，也非彼此截然分离。

　　不难注意到，对庄子而言，似乎存在着两种世界图景：

---

① 《庄子·天地》。

其一为尚未分化的本然形态，其二则是分化的世界。从本体论上看，后者（分化的世界）往往未能展示存在的真实形态。如何扬弃分化或分裂的存在图景？换一种提法，也就是如何超越现象层面的"分"与"别"？在《齐物论》中，庄子进一步引入了"道"的观念："物固有所然，物固有所可。无物不然，无物不可。故为是举莛与楹，厉与西施，恢恑憰怪，道通为一。"在现象层面呈现大小、美丑等差异的事物，本身又都包含着能够为人所肯定的规定（所谓"然"、"可"），如前所述，作为人评判的根据，这种规定可以视为"道"在具体事物中的体现。就其内含普遍之"道"而言，它们同时又具有彼此相通的性质。这里既有在本体论上以"道"统一不同存在的一面，又意味着从"道"出发实现视域的转换：当仅仅停留于不同现象各自的外在形态时，事物主要以"分"、"异"等形式呈现；从"道"的观点加以考察，则其间便更多地表现了内在的相通性。

视域的转换在以道观之中，得到了进一步的阐发，从庄子的以下论述中，便不难看到这一点："以道观之，物无贵贱。"[①]贵贱既体现了价值观上的差异，也具有本体论的意义，道作为存在的根据、法则，同时也表现为统一的原理，"以道观之"，意味着超越界限，从相通与统一的视域把握存在。可以看到，"道通为一"和"以道观之"从不

---

① 《庄子·秋水》。

同方面展开了庄子对世界的看法：就存在形态而言，无"分"与"别"构成了世界的本然形态，多样的存在基于道而呈现了内在的统一性（通）；就人对世界的把握而言，问题则表现为超越"物"的限定、从道的层面再现存在的统一形态。

庄子以"齐物"立论，要求扬弃"以物观之"的视域、超越分化的存在图景，其中蕴含了值得注意的形而上立场。世界本身无疑包含多样的形态，但如果将多样的形态理解为彼此分离的界限，则容易导致分裂的存在图景。存在形态上的界限，常常逻辑地对应着存在视域中的划界，分裂的存在图景与划界的"观"物方式，也总是相互交融，而当界限被理解为存在的主要规定、划界成为把握存在的主要方式时，世界的真实形态便难以呈现。

当然，在肯定道通为一、要求超越界限的同时，庄子似乎对存在的相对确定性未能予以充分的注意，对"齐"、"通"的强调，使庄子对具体事物自身相对稳定的规定不免有所忽视。当"莛与楹"、"厉与西施"都"通而为一"时，大小、美丑之间相通的一面，似乎多少掩蔽了其各自所具有的不同规定，而存在的多样性、差异性，往往也不易获得适当的定位。与之相联系，庄子提出了"不同同之"的主张："不同同之之谓大。"① 这里既体现了超越划界的立场，

---

① 《庄子·天地》。

又蕴含着以"同"、"一"压倒"多"、"异"的可能，它与"德"所确认的个体性原则存在某种内在的张力。从这方面看，庄子之齐物，显然又未真正达到存在的具体统一。

四

对庄子而言，道不仅表现为存在的本原，而且关乎形上之智；作为存在本原与形上之智的统一，"道"构成了庄子一再追问的对象。与之相关的问题是如何得道。在庄子那里，如何得道既涉及广义的"知"，又与如何成就人相联系，后者进一步展开为"真知"与"真人"的互动。

庄子对"知"的理解，与技和道之分相联系。在庖丁解牛的寓言中，庄子提出了"技"进于"道"之说。这里所谓"技"，涉及的是操作层面的经验性知识，"道"则超越了经验之域而表现为形上的原理。对庄子而言，唯有与"道"为一，才构成真正意义上的"知"（所谓"真知"）。这样，在"技"与"道"的区分背后，便蕴含着"知"本身在形态上的差异。

相应于"技"的"知"，主要指向"物"，《庄子·则阳》对此作了如下概述："知之所至，极物而已。""极物而已"，即仅仅限定于物；作为区别于"道"的存在，"物"主要呈现为经验领域的对象。上述意义上的经验之知常常被视为"小知"，与之相对的形上之知或道的智慧则被理解为所谓"大知"，对庄子而言，停留于经验层面的"小知"，将难以达到以"道"为对象和内容的"大知"；唯有消除"小知"，才能彰显"大知"，这也就是庄子所谓"去小知而大知明"[①]。

从本体论的层面看，经验之知所指向的"物"，形成于"道"的分化过程。作为分化的存在形态，"物"处于变迁过程，具有不确定性。对庄子来说，这种变动不居的经验世界固然并非理想的存在形态，但它却构成了经验之知所面对的现实对象。经验世界的这种相对性、不确定性，使"极物而已"（限定于物）的经验之知一开始便面临着困境，关于这一点，《庄子·大宗师》指出："夫知有所待而后当，其所待者特未定也。"对象的"未定"性，使经验之知本身难以获得确定的内涵，从而缺乏可靠性，所谓"知有所困"，便是对如上关系的概述[②]。

"知"之所"困"不仅体现于所知（对象），而且表现于能知（主体）。以现象的感知过程而言，在不同的感知主体中，无法找到统一的判断标准。在《齐物论》中，庄子指出："毛嫱丽姬，人之所美也，鱼见之深入，鸟见之高飞，

---

① 《庄子·外物》。需要指出的是，这里的"大知"与《齐物论》中所说的"大知闲闲"中的"大知"不同，后者仍限于纷繁的经验世界和是非之辩，未达到道的智慧。

② 参见《庄子·外物》。

麋鹿见之决骤，四者孰知天下之正色哉？自我观之，仁义之端，是非之涂，樊然殽乱，吾恶能知其辩？"从逻辑的层面看，庄子的这种推论无疑颇成问题：人与其他动物分属不同的类，墨家早已指出，异类之间无法加以比较，这一点也适用于不同主体对感知对象的不同评判。当然，庄子罗列以上现象，主要在于强调：在经验领域，对同一对象，不同的主体之间难以形成一致的判断准则。感知层面的以上困境，同时也制约着广义的价值评判，与何为"正色"无法以统一准则加以判定一样，对价值领域的仁义、是非，也难以做出确定的判断。通过强调经验世界之"知"的如上困境，庄子进一步突出了经验之知与"真知"的距离。

庄子对经验之知的理解，无疑存在自身之蔽。他指出并强调所知与能知的相对性，固然注意到了问题的一个方面，但同时却忽视了二者所内含的确定性。事实上，就所知而言，经验对象既处于变迁的过程之中，又内在于一定的时空关系，具有确定的存在形态和规定，并呈现相对稳定的性质。就能知而言，具有正常感官及感知能力的主体，对同一条件下的同一对象，可以形成相同或一致的感知，荀子已指出了这一点："凡同类同情者，其天官之意物也同。"[①]对认识过程的以上关系，庄子显然未能予以充分注意。

———————————————

① 《荀子·正名》。

在庄子那里，经验之知的限度，使之与体道之知形成了张力。对庄子而言，经验之知仅仅限定于特定之物，体道之知则超越了经验之物，以道为内容，二者难以相融；在技进于道、"小知"与"大知"等表述中，已蕴含了体道之知与极物之知的分野。从认识论上看，经验之知或极物之知可以视为知识，体道之知则近于形上的智慧；知识固然应提升为智慧，但智慧本身并非隔绝于知识。事实上，经验层面的知识与形上的智慧本身呈现为互动的关系：知识的形成总是受到智慧的制约，智慧则奠基于知识并体现于知识的展开过程。庄子将体道之知与极物之知加以对立，似乎未能把握二者的相关性与互动性。

当然，庄子区分体道之知与极物之知，主要在于通过二者的比照，进一步彰显道的智慧对人的意义。与《老子》一样，庄子将理解与把握道，视为达到理想存在形态的前提，正是由此出发，他一再追问以何种方式才能知道、安道、得道。在其相关论述中，便可具体地看到这一类理论关切："何思何虑则知道？何处何服则安道？何从何道则得道？"[1]对道的如上追问，同时也使形上之知如何可能的问题，在庄子那里获得了优先性。当然，对道的追问，在庄子那里并未引向思辨的玄想；形上之知如何可能的问题，与人本身如何走向真实存在的问题，呈现为相互关联的两个方面，

---

[1]　《庄子·知北游》。

而道的关切，则最后落实和体现于人的存在。体道之知与人的存在之间的关系，具体地展开为"真知"与"真人"之辨。

经验之知与体道之知的区分，既以对象世界的"物"与"道"之分为前提，又以人自身不同存在形态的区分为内涵。就人自身之"在"而言，真人或至人无疑表现为理想的存在之境，而在庄子看来，走向这种存在形态，又以体道或得道为条件。作为理想的人格之境，真人不仅以得道为指向，而且在知与行的过程中始终坚持而不违逆道。要而言之，走向真人或至人之境，都伴随着对道的把握与认同。

在肯定真知与真人如上关系的同时，庄子在《大宗师》中又强调了问题的另一方面，即"有真人而后有真知"。从如何把握道的角度看，真人与真知之辩更实质的意义，在于对主体作用及其内在规定的关注。在认识论的视域中，真人首先表现为一种现实的存在形态，与之相应，"有真人而后有真知"，意味着肯定人的现实存在形态与得道、体道过程之间的联系。人的现实存在与认识的如上关系，在鹏与蜩、学鸠的视域差异中得到了更形象的阐述。《逍遥游》中，庄子曾以寓言的形式，描述了鲲鹏与蜩、学鸠的不同境界。鲲鹏欲"背负青天"而"图南"，但这种宏远的志向却遭到了蜩与学鸠的嘲笑："蜩与学鸠笑之曰：我决起而飞，抢榆枋，时则不至而控于地而已矣，奚以之九万里而南为？"庄子由此作了如下评论："适莽苍者，三飡而反，腹犹果然；适百里者，宿舂粮；适千里者，三月聚粮。之二虫又何知？"不同的存在方式，往往伴随着不同的观念；蜩与学鸠的活动范围，只是蓬间树丛而已，这种存在境域，使它们无法理解飞越九万里的鲲鹏之志，庄子以"之二虫又何知"，着重指出了蜩鸠的存在境域对其"知"的限制。

从现实的形态看，真知与真人展开为互动的关系。真知在融入意识与精神世界的过程中化为人的具体存在，人的存在境域又在不同的层面上构成了面向对象、敞开世界的本体论前提，人之"在"与人之"知"的如上关系，同时体现了认识论与本体论的相关性。

<h1 style="text-align:center">五</h1>

真人作为人的真实存在，表现为具体的个体。以现实的具体存在为背景，庄子对个体及个体性的原理予以了多方面的关注。在庄子那里，这种个体性的原理既有本体论的内涵，又展开为价值观的原则，其中包含多重理论意蕴。

个体性原理首先以肯定个体的真实性为内容。在本体论的层面，个体性原理意味着确认个体的独特性，后者不仅表现为占有特定的时空位置，而且以个体的差异为内涵。

个体在广义上既指特定的事物，又包括个人；个体性原理体现于社会领域，便表现为对个人或自我的关注。庄子从不同的维度，对后者作了多方面的考察，其着重之点则在于突出个人或自我的内在价值。

按庄子的理解，个体在本体论上的优先性，同时也规定了个人在人我关系中的优先性。作为现实的存在，个人常常以"身"的形式呈现出来，在庄子那里，"身"不仅仅是感性的躯体，而且同时也是个体或自我的符号。由肯定自我对于他人的优先性，庄子进而将"身"置于家国天下之上。在谈到"道"对于人的意义时，庄子对此作了如下论述："道之真，以治身，其绪余以为国家，其土苴以治天下。"① "道"在人的存在领域中的意义，主要便表现于治身或养身过程；相对于个体的养身，为国、治天下仅仅居于从属的地位。在"身"与"国"、"天下"的比较中，个体的地位无疑得到了进一步的提升。

在内含个体差异这一方面，人与其他的事物较多地呈现相通之处，就人的存在而言，个体性的特点更具体地与"独"相联系。庄子将体现个体性品格的人称之为"独有之人"："出入六合，游乎九州，独往独来，是谓独有。独有之人，是谓至贵。"② "独"既指无所依傍，也有唯一

---

① 《庄子·让王》。
② 《庄子·在宥》。

或独一之意，后者所突出的，首先是个体性的规定。在六合、九州之中独往独来，一方面表现了无所依傍的独立精神，另一方面又彰显了个体不同于他人或他物的独特品格，二者从不同的维度上展开了个体性的原则。作为二者统一的"独有之人"，则被赋予至上的价值：所谓"至贵"，便体现了如上价值判断。在庄子看来，关尹、老聃的立身行事，便以"独"为其特点，所谓"澹然独与神明居"①，庄子本人所追求的，同样是"独与天地精神往来"②的境界。个体的特立独行，使之往往与众人形成了某种距离。由注重"独"，庄子一再指出个体与众人的分别。以观点的表达与认同而言，"高言不止于众人之心，至言不出，俗言胜也"③。真知灼见，往往很难为众人所理解和接受，因为大众的世俗之言，常常压倒了真正深刻独到的见解。通过彰显众人之心与高言、至言的紧张，庄子从另一方面强化了"独"所内含的个体性原则。

在自我或个人的层面，个体的统一或整体性既展开于形神、身心等关系，又以精神世界自身的整合为内容，二者从不同的方面赋予个人或自我以具体、现实的品格。个体作为具体的存在，总是既有其神，亦有其形，前面所说

① 《庄子·天下》。
② 同上。
③ 《庄子·天地》。

的"身"，便包含"形"。由肯定"形"与"神"的统一，庄子进一步对精神世界的内在性质作了考察。在庄子看来，按其本来形态，精神世界具有未分化的特点，然而，在人化的过程中，人的精神却趋向于分裂，后者同时表现为对道、德之悖离："悲乐者，德之邪；喜怒者，道之过；好恶者，德之失。"[1]悲乐、喜怒、好恶，是情感的不同表现形式，它们同时也构成了精神世界的分化形态，而精神一旦分化，便违逆了道与德，从而具有负面的意义。庄子对精神世界分化所导致的结果作了形象的描述："其寐也魂交，其觉也形开，与接为构，日以心斗，缦者，窖者，密者。小恐惴惴，大恐缦缦。其发若机括，其司是非之谓也；其留如诅盟，其守胜之谓也。"[2]随着精神现象的分化，各种差异、区分、紧张、对峙也随之形成，即使睡梦之中，也往往不得安宁；夜以继日，人与人之间始终处于勾心斗角的过程中。精神的分化最实质地体现于是非之分，其小恐、大恐，也与之相联系。不难看到，从一般意义上悲乐、喜怒、好恶等情感的多样展开，到是非之彰，分化的精神世界似乎更多地呈现消极的意义。

与分化的形态相对，精神世界的理想之境是"守其一，以处其和"[3]。"守其一"即保持内在的统一性，"处其和"，

---

[1] 《庄子·刻意》。

[2] 《庄子·齐物论》。

[3] 《庄子·在宥》。

则强调这种统一不同于抽象的同一："和"异于"同"，以多样性为其内容。在谈到理想人格时，庄子认为其特点在于："壹其性，养其气，合其德，以通乎物之所造。"[①] 由此，庄子进一步指出："夫若是者，其天守全，其神无郤，物奚自入焉？"[②] 这里固然涉及养生，但其更实质的意义则在于养神。此处之"壹其性"，指行为及思维趋向的一致性或一贯性；"养其气"，包含意念活动的专一；"合其德"则指合乎个体的本然规定，"壹其性"与"养其气"、"合其德"相联系，意味着超越精神及意识的分化形态，后者同时指向存在的本然形态（"通乎物之所造"）。在如上进展中，精神本身也获得了统一的品格（"其神无郤"），从而可以避免外物的入主或支配（"物奚自入"）。在这里，精神世界的统一性构成了其自主性的前提。

通过对形神、身心以及心、神自身统一性的双重肯定，庄子同时确认了作为个体的"我"或个人的存在。"我"或个人所涉及的，当然不限于形神、身心或心、神自身的不同规定，它本身往往展示为不同的形态，对"我"或个人更深入的理解，也相应地面临对"我"的内涵如何进一步界定的问题。在《齐物论》中，庄子曾以南郭子綦与颜成子游对话的方式，提出了"吾丧我"之说。从外在的表述

① 　《庄子·达生》。
② 　同上。

形式看，"吾丧我"似乎意味着解构一般意义上的个体之"我"，然而，与"吾"和"我"的以上区分相联系，庄子的实际旨趣，在于维护和肯定真正意义上的个体之"我"，消解与之相对的"我"：所谓"吾丧我"，也就是以本然、真实之"我"（"吾"）解构非本然、非真实的"我"。事实上，对个体之"我"的存在及其作用，庄子始终没有表示怀疑，在同一《齐物论》中，庄子便强调"非我无所取"，亦即以"我"为接受、回应外在影响的主导方面。同样，前文已提及的对以物易己的批评，也从物我关系上，对自我的独特价值作了肯定。庄子所要消解、否定的，主要是社会化、文明化的"我"；它的内在意义在于剔除"我"所内含的礼义等规定，消解由礼义文明所塑造的"我"；通过解构礼义化的普遍之"我"，庄子一方面突出了天（天性）与人（自我）的联系，另一方面进一步强化了"我"的个体性规定。在此，个体性原则（自我的确认）与自然原则（合乎天性）呈现了内在的一致性。

作为个体的"我"固然以天性为其内涵，但在现实的存在过程中，总是面临着与他人的共在关系。庄子对刻意标榜、以远俗为高的行为方式提出了批评："刻意尚行，离世异俗，高论怨诽，为亢而已矣。此山谷之士、非世之人、枯槁赴渊者之所好也。"① "刻意尚行"不免流于做作、矫

① 《庄子·刻意》。

饰，"离世异俗"亦不同于隐于世，而是表现为个体与社会之间的外在对峙或冲突，就其实质而言，这乃是通过否定社会以彰显个体。与之相近的存在方式是"避世"："就薮泽，处闲旷，钓鱼闲处，无为而已矣。此江海之士、避世之人、闲暇者之所好也。"①"避世"虽然并不展开为个体与社会的外在对抗，从而与离世、非世有所不同，但就其追求外在于社会而言，又和前者表现出一致的趋向。

在庄子看来，个体的存在，总是无法脱离一定的境域或背景。以隐士而言，他之选择隐于世的方式，也是受到一定历史背景的制约："古之所谓隐士者，非伏其身而弗见也，非闭其言而不出也，非藏其知而不发也，时命大谬也。"②一方面，与避世之士不同，庄子所理解的隐士既非离群索居（"非伏其身而弗见"），也非不参与社会活动或不表达自己对社会现象的看法（"非闭其言而不出"），另一方面，他的"在"世过程，又以"时命"为其前提。作为存在的背景，"时命"既包含特定的历史条件（时），又与必然的历史趋向（命）相联系；"时命大谬"，则指对个体具有负面意义的历史条件和历史背景，而个体之以"隐"为处世方式，也与历史背景的这种性质相关。庄子在总体上将个体与时命的关系概括为两种形式，即"当"与"不当"："当

---

① 《庄子·刻意》。
② 《庄子·缮性》。

时命而大行乎天下，则反一无迹；不当时命而大穷乎天下，则深根宁极而待，此存身之道也。"①"当时命"，即具体的条件和背景有助于个体存在与发展，"不当时命"，则是这种条件对个体的"在"世过程具有否定的意义；"反一无迹"，是指合乎前一背景的行动，"深根宁极"则是在条件不利的情况下充实自我、等待适当的发展时机。对个体与时命关系的以上分析，着重突出了个体存在的境遇性。

个体与存在境遇的关系，具有某种本体论的意义。存在背景的难以超越性，同时也规定了个体无法以"避世"、"离世"等方式"在"世。对庄子而言，理想的存在形态既非刻意求高，也非退居江海而隐："若夫不刻意而高，无仁义而修，无功名而治，无江海而闲，不道引而寿，无不忘也，无不有也，澹然无极，而众美从之，此天地之道，圣人之德也。"②这里特别值得注意的是"无江海而闲"。居江海，隐喻着出世；无江海，则是存在于世。总起来，"无江海而闲"，也就是在与人共处中达到个体的逍遥。这一意义上的人我共在形态，又称"顺人而不失己"，至人的特点便在于已达到如上境界："唯至人乃能游于世而不僻，顺人而不失己。"③"游于世而不僻"，亦即存在于社

---

① 《庄子·缮性》。
② 《庄子·刻意》。
③ 《庄子·外物》。

会而非游离于社会，"顺人而不失己"则是与人和谐相处，但并不因此而失落自我。按庄子之见，在与人共在的过程中，个体可以得到进一步的充实，所谓"既以与人，己愈有"①。这样，一方面，个体始终保持自我认同而非"失性于俗"、沉沦于众，另一方面，又内在于世而非避世、离世；与人共在与维护个性呈现了内在的统一性。

六

个体总是追求理想的存在形态。在庄子那里，个体的这种理想存在形态具体表现为逍遥的过程。作为人的存在方式，"逍遥"首先与限定相对。限定即"有待"，超越限定、摆脱限制则意味着走向无待，《庄子·逍遥游》所谓"若夫乘天地之正，而御六气之辩，以游无穷者，彼且恶乎待哉"，便表明了这一点。从消极方面说，"无待"即不依赖于外在的条件；从积极的方面说，无待则是指顺乎事物内在的本性，"乘天地之正"的内在涵义，也体现于此。广而言之，顺乎事物内在的本性（"乘天地之正"）包括遵循存在自身的法则，避免对事物作人为的划界、分隔。如后文将进一步讨论的，在庄子那里，逍遥之境和自然之境呈现相互融合的形态。

① 《庄子·田子方》。

对庄子而言，"天"作为本然的存在，既涉及对象世界，也关联着人自身，从而，"乘天地之正"不仅仅意味着与存在法则的一致，而且表现为合乎人自身的天性。以逍遥为指向，自然同时被理解为合乎人性的存在形态。在"无己"之说中，这一思路得到了进一步的展开。紧接着"乘天地之正，而御六气之辩，以游无穷"，庄子提出了"至人无己"之说。从形式上看，"无己"似乎意味着消解自我，然而，在逻辑上，没有自我，何来"乘天地之正"的主体？同时，逍遥也以自我为承担者，当自我不复存在时，逍遥之境又如何落实？这里的关键是如何理解"己"。在庄子看来，人往往受到礼乐文明的外在束缚，在礼乐文明的形式下，个体常常失去其本真的形态（导向非人化）；唯有消除礼乐文明对人的限定，才能使人的存在形态由非人化走向人化。庄子所谓"无己"，并不是一般意义上否定自我，而是着重于消解礼乐文明所塑造的"我"，超越被约束和被限定的存在形态。

通过"无己"而超越被限定的存在形态，由"乘天地之正"而达到逍遥，二者方式不同，但相辅相成，其共同的目标则是达到理想的存在形态。在庄子看来，被限定与受束缚总是意味着对自身的否定，《庄子·养生主》便指出了这一点："泽雉十步一啄，百步一饮，不蕲畜乎樊中。""十步一啄，百步一饮"表现了觅食的艰辛，"畜乎樊中"则可饮食无忧，然而，泽雉却宁愿"十步一啄，百步一饮"而不求"畜乎樊中"，原因就在于后者是对其自身存在的限定。同样，在被限定的形态下，人也难以成为理想形态上的人。

作为理想的存在形态，逍遥并非远离现实的生活世界。庄子曾借隐者善卷之口，具体表达了这一涵义："日出而作，日入而息，逍遥于天地之间，而心意自得。吾何以天下为哉？"① 这里的直接主题是政治参与对个体的意义，但其内在的思路则涉及逍遥的形式。隐者通常被理解为离群索居，而疏远政治活动（包括治天下）则似乎意味着与社会的隔绝，然而，在善卷的如上自述中，与政治活动相对的逍遥，却并不仅仅表现为远离社会生活，相反，它具体地展开为"日出而作，日入而息"的日常活动，所谓"逍遥于天地之间"，其实质的内容便表现为逍遥于日常的生活世界。如上看法的值得注意之点，在于肯定逍遥与现实存在之间的联系。

在《养生主》中的庖丁解牛这一寓言中，逍遥的以上涵义得到了具体的阐发。解牛本来是一种劳作活动，但在庄子的描述中，它却已具有审美的意义并取得了自由的形式。在解牛的过程中，通过"依乎天理、因其固然"，庖丁"恢恢乎其于游刃必有余地"。如果说"依乎天理、因其固然"可以看作是"乘天地之正"的体现，那么，"游刃有余"

① 《庄子·让王》。

则具有逍遥的性质；庖丁在解牛之后"提刀而立，为之四顾，为之踌躇满志"，也确乎体现了一种逍遥之境。解牛作为劳动过程，属生活世界中的日常活动，庄子通过对庖丁的赞赏而肯定解牛过程的逍遥性质，同时也从一个方面进一步将逍遥与人的日常存在联系起来。

　　与关于存在方式的以上看法相联系的，是对"江海之士、避世之人"的批评。庄子曾区分了"江海之士"的闲处与"无江海而闲"两种"在"世方式，认为前者的特点是："就薮泽，处闲旷，钓鱼闲处，无为而已矣。"① 这种处世方式具有归隐避世的趋向，后一种"在"世方式则不刻意追求远离日常世界，而是在现实的日用常行中达到超脱逍遥，在庄子看来，惟有此种方式，才体现了道与圣人的品格："此天地之道，圣人之德也。"② 在以上的比较中，逍遥的此岸性以及逍遥与生活世界的联系，无疑得到了更具体的突显。

　　当然，肯定逍遥的此岸性，并不意味着否定其具有超越的一面。这里的"超越"当然并非指向彼岸，而主要指超乎已有的限定。在《逍遥游》中，惠施曾以大树的无所取材讽喻庄子之言的无用，对此，庄子作了如下回应："今子有大树，患其无用，何不树之于无何有之乡，广莫之野，彷徨乎无为其侧，逍遥乎寝卧其下，不夭斤斧，物无害者，

---

① 《庄子·刻意》。
② 同上。

无所可用，安所困苦哉！""无何有之乡，广莫之野"可以看作是超越境界的隐喻，植树于"无何有之乡"，彷徨其侧、寝卧其下，则是逍遥之境的形象描述。庄子将逍遥与"无何有之乡，广莫之野"联系起来，同时也暗示了逍遥之境本身的超越性。不过，在庄子那里，超越不同于走向彼岸：从"齐"、"通"的本体论立场及注重逍遥的此岸性出发，庄子显然难以接受与现实存在相对的另一个世界。从实质的层面看，庄子所理解的超越更多地表现为理想的存在形态：相对于有所待、受限定的现实处境，"无何有之乡"无疑呈现了理想的性质；对无何有之乡的向往和憧憬，则相应地既赋予逍遥以超乎已有限定的形式，也内含着如下要求："在"世过程不能为既成形态所限，而应不断引向理想之境。

庄子以合乎人性的存在方式为人"在"世的应然形态，逍遥的意义，首先便在于它体现了如上价值趋向。作为合乎人性的理想存在方式，逍遥既展示了现实的、此岸的性质，又具有超乎限定的维度。在"乘天地之正"的形式下，循乎普遍天道与合乎内在人性相互统一，逍遥则超越了被限定以及"有所待"的存在方式而展现了自由的品格。不难看到，以合乎人性的存在为指向，逍遥在价值的层面落实于人的自由。

逍遥游

本篇以"逍遥"为题。关于"逍遥"一词，各家注说很多。宽泛而言，它更多地与人的自由相联系：自由之境与逍遥之境在庄子那里具有内在的相通性。

【原文】

北冥有鱼，其名为鲲。鲲之大，不知其几千里也。化而为鸟，其名为鹏。鹏之背，不知其几千里也；怒而飞，其翼若垂天之云。是鸟也，海运则将徙于南冥。南冥者，天池也。

【释义】

此段以拟人化的方式，借鲲鹏隐喻人，而不是直接讲何为人的自由、人如何去追求自由。从这里，我们可以看到，庄子作为一个哲学家，具有某种诗人的气质，善于用诗的语言来言说。哲学问题可以有各种的说法，其中，诗意地说是一种重要的方式，庄子便每每以诗意的方式来表达哲学的思考。"大"从外在的形式来看，首先涉及空间的问题，庄子在此极言鲲鹏之大，突出空间的广延，从而给人提供了一种宏阔的想象图景。当然，广大并不仅仅具有空间的意义，庄子真正指向的问题，是逍遥之境（自由之境）。空间的广大首先是以直观的形式，给人一种自由的形象，它为尔后逐渐地深入到内在精神层面的理解作了铺垫。我们要注意的是，这里所说的"鲲鹏"，并不是庄子自由理想之中终极的存在形态。他一开始便先声夺人，借鲲鹏这一气势不凡、在空间上超乎常形的存在之物，展示自由翱翔的特点，并由此给人一种震撼。但作者最终所指向的，并不是外在空间意义上的自由形象。从本篇（《逍遥游》）后面的论述中可以看到，由外在空间中的存在方式，渐次展开的是与每一个体之性相关联的内在逍遥之境，其前后论述很有起伏，体现了诗意地说哲学的特点。

本篇的开端，可以与《论语》作一比较。如所周知，《论语》首篇为《学而》，后者讨论的首先是广义的"学"。在庄子这里，最先出场的则是鲲鹏，这里似乎已体现出对文明形态和自然之境的不同关注："学"更多地涉及对文化发展成果的接受、对社会规范的把握、从天性到德性的提升等等，这一过程始终与文明或文化的演化相联系。鲲鹏则首先是自然之物，与之相应的是自然的存在形态。这样，从开篇之中，我们就可以看出侧重之点的差异，尽管以上文序不一定是出于孔子或庄子之手，因为《论语》和《庄子》各篇序列都在不同程度上打上了某种历史的印记，但二者在历史衍化中所形成的现存形态，无疑亦从一个方面表现了儒、道相异的价值取向及哲学立场。

【原文】

　　《齐谐》者，志怪者也。《谐》之言曰："鹏之徙于南冥也，水击三千里，抟扶摇而上者九万里。去以六月息者也。"野马也，尘埃也，生物之以息相吹也。天之苍苍，其正色邪？其远而无所至极邪？其视下也，亦若是则已矣。

【释义】

　　此段从内容上看紧接第一段所引出的话题。庄子首先引用文献来进一步展开他关于鲲鹏存在方式的描述，后文依然更多地从鲲鹏这一角度看待自然。鲲鹏扶摇而上九万里，直达高空，从空中举目四望，宇内各种不同存在物在其视野中呈现了多样的形态。这里所说的"天"以及"野马"、"尘埃"等等都是自然景象。人们举目看天的时候，也可以注意到云气之中千姿百态的状态，鲲鹏奋飞高空之上，由上俯视，所见的情景与通常由下仰视所看到的情景有类似之处。弥漫在空间的各种现象也是呈现千差万别的形状，这种形状按照庄子的描绘完全具有自然的性质，是云气变化过程中自然形成的，而不是出于有意的安排。

"天"在庄子那里大致有两方面的意思，一是"苍苍之天"中的"天"，与"地"相对而言；一是自然意义上的"天"，后者本身又被赋予不同的规定：《庄子·秋水》篇所说的"牛马四足，是谓天"以及《庄子·天地》篇中"无为为之之谓天"，便从不同方面展开了后一意义上的"天"之内涵。自然意义上的"天"与"道"具有内在的相通性。作为和"地"相对而言者，这里所说的"天之苍苍"中的"天"可作天空解。以上二重意义上的"天"本身又彼此相关："苍苍"之天同时亦属自然之域。

在庄子看来，鲲鹏飞到高空之上而向下俯视，所见到的，不外乎通常自下而上观察时所见到的情形。这里的内在寓意是：不论从哪一角度（自上而下抑或自下而上）去考察对象，其自然本性是相通的，并非到了苍天之上，自然之景就变得非常神秘：自然之性在这里依然未变。从诗意言说的角度看，这里同时又是用形象化的语言来描述鲲鹏在天空飞翔时极目所见的景象，这种无穷广阔的自然之境在某种意义上给人以美感。通过这种描述，庄子一方面肯定了自然之境本身的相通性（不管从哪个角度与视野去看，对象世界在合乎自然这一点上总是一致的）；另一方面，也暗示了自然之境包含美的维度，并由此隐喻了逍遥之境同时也具有审美的意义。不难看到，在庄子那里，逍遥之境、自然之境和审美之境本身是相互贯通的。

"天之苍苍，其正色邪？其远而无所至极邪？""天"作为一种自然对象，本来到底是什么形态？文中没有对这一问题做出正面的回答，从后文整个展开的思路来看，自然涉及每个对象所具有的本然之性。以"天"而言，"苍苍"之色就是它的自然本性之一，这种规定并不是其他存在强加给它的。庄子所关心的不是自然背后是不是还有一种超自然的力量，而是对象本身如其所是的本然形态。"自然本身到底是什么形态"（何为其"所是"）与"自然背后究竟有无更终极的存在"，这两个问题看似相近，但其实质的含义却相去甚远。

【原文】

　　且夫水之积也不厚，则其负大舟也无力。覆杯水于坳堂之上，则芥为之舟；置杯焉则胶，水浅而舟大也。风之积也不厚，则其负大翼也无力。故九万里，则风斯在下矣，而后乃今培风，背负青天而莫之夭阏者，而后乃今将图南。

【释义】

这一段笔锋一转，从以夸张的方式描述鲲鹏之"在"，转向考察生活经验中的事例（水与舟等关系），以此表明鲲鹏事实上并未完全达到逍遥之境：其展翅高飞需要凭借一定的条件（"风之积"），而真正的"逍遥"应该是无所依傍的。前面通过形象的描绘衬托出它在高空中自由翱翔的景象，这种飞翔似乎逍遥自在，而这里又从实质的层面指出了其翱翔的条件性问题，条件性决定了它有所依赖，有所依赖则意味着尚未完全达到理想的逍遥之境。不过，关于何为逍遥，这里仍未从正面做出具体的规定。后文仍继续从鲲鹏与蜩及学鸠等等的比较中，对鲲鹏的存在方式加以描述，肯定其相对于蜩、鸠而言，仍具有某种逍遥性质。整个论述过程起起伏伏，直到最后概括性的总结之后，所谓"逍遥"的真正内涵才逐渐敞开。

【原文】

蜩与学鸠笑之曰："我决起而飞，抢榆枋，时则不至而控于地而已矣，奚以之九万里而南为？"适莽苍者，三飡而反，腹犹果然；适百里者，宿舂粮；适千里者，三月聚粮。之二虫又何知！

【释义】

前面几段涉及鲲鹏本身和外在背景,如空间、风等的关系问题,这一段则进一步讨论追求逍遥之境的不同存在形态。从某种意义上说,蜩、学鸠、鲲鹏等等都在追求逍遥之境,但它们对逍遥之境的理解又确实存在很大的差异。尽管鲲鹏就本身而言还有赖于风,从而尚未真正达到庄子意义上的逍遥之境,然而,相对于蜩与学鸠这样一些对象而言,它又处于一个更高的层面。可以看到,庄子似乎在暗示:走向逍遥涉及不同的层面与不同的境界,这一点有必要作进一步的分疏。逍遥之境可以视为终极的目标,在走向终极目标的过程中,不同的存在形态往往面临不同的境域,从蜩与学鸠、鲲鹏等等之间的差异中,也可以看到这一点。不能说蜩与学鸠完全没有追求逍遥的意识,也不能说它们与逍遥之境完全隔绝,但它们的存在规定及存在处境具有自身的特点,这种特点既制约着它们对逍遥之境的设定,也影响着它们与其他存在物(如鲲鹏)之间的相互理解。以逍遥之境作为参照的目标,可以看到不同对象的差异性,而这种差异性往往又容易导致彼此理解上的困难甚至鸿沟,庄子一开始就把这个问题提了出来。按其实质,逍遥乃是人的存在方式,庄子在此似乎以物喻人,用物的不同存在形态隐喻人的不同存在境域,并由此将存在境域与理想的设定、存在境域与相互理解的关系突出起来。

逍遥之境的不同层面与不同的存在形态之间的联系，同时也使逍遥呈现某种过程性。如果将鲲鹏与蜩、学鸠分别理解为对人的不同存在形态的隐喻，则它们的不同存在方式似乎也表明：走向逍遥是一个涉及不同境界的过程。这里需要辨析两种观点，一种看法以为，庄子肯定任何一种存在物都可以完全地达到他所理解的逍遥之境，郭象的解释在某种意义上接近于此观点；另一看法认为，世间的存在物与逍遥之境完全无缘，这是另一个极端。从庄子的描述中可以看到，一方面，相对于终极或理想的逍遥之境而言，鲲鹏与蜩、学鸠确实都有距离，但另一方面，它们又并非与逍遥之境完全隔绝，它们之间的差异，在某种意义上便可以理解走向逍遥过程中所呈现的不同境界。

【原文】

小知不及大知，小年不及大年，奚以知其然也？朝菌不知晦朔，蟪蛄不知春秋，此小年也。楚之南，有冥灵者，以五百岁为春，五百岁为秋。上古有大椿者，以八千岁为春，八千岁为秋。而彭祖乃今以久特闻，众人匹之，不亦悲乎！

【释义】

相对于前几段侧重于形象性的描述、较少理论上的阐释，这里开宗明义，首先指出"小知不及大知，小年不及大年"，非常概括地提出总结性的看法。在这里，"小知"、"大知"与"小年"、"大年"需要加以区分。"小年"、"大年"是客观的存在形态，"小知"、"大知"则更多的是观念的形态，与个体本身所达到的认识状况联系在一起，从而涉及人的观念世界。为什么庄子将"小知"、"大知"与"小年"、"大年"加以并提？这可能与他对逍遥之境的理解相联系。在庄子那里，所谓逍遥之境，并不仅仅取决于外在的、实体性的存在结构及其功能或属性，不是由于大鹏的形体结构比学鸠等更大，它能够飞得更高、更远，因而它的自由程度就更大。对庄子而言，逍遥之境更内在地与观念世界联系在一起的，这里就涉及"知"的问题，涉及如何把握、看待世界的问题。"小年"、"大年"是对象意义上的存在，其性质是无法改变的，正如大鹏生来就比蜩与学鸠大，它与后者之间的大、小关系难以随意变更。但是，就观念形态或如何看待、理解这个世界而言，情形却有所不同：观念世界是可以变化的。原来对世界作如是观，通过认识的提升、转换，可以对世界以及其意义获得新的理解。这里的"知"并不是指狭义的科学认知，而是涉及对意义世界的理解：你所面对的世界对你来说到底呈现什么样的意义？你把世界"看作"或理解为什么？这里已涉及价值的观念，而不限于认知之域。

【原文】

汤之问棘也是已。穷发之北有冥海者，天池也。有鱼焉，其广数千里，未有知其修者，其名为鲲。有鸟焉，其名为鹏，背若太山，翼若垂天之云，抟扶摇羊角而上者九万里，绝云气，负青天，然后图南，且适南冥也。斥鴳笑之曰："彼且奚适也？我腾跃而上，不过数仞而下，翱翔蓬蒿之间，此亦飞之至也。而彼且奚适也？"此小大之辩也。

【释义】

此段对鲲鹏的故事从另一个方面作了复述，指出不同存在境域之中的个体对外界及行为的看法往往彼此相异，相互之间每每存在理解的鸿沟。这里所说的"小大之辩"与前面"小知"与"大知"、"小年"与"大年"之分，前后显然相承。"小大之辩"同时涉及世界的多样性问题：对这个世界来说，确实存在着具有不同特点的对象，不是整齐划一，而是多样的、具有个性差异的。各种有差异的事物共同存在，这是一个本体论的事实，非人所能选择。就人的存在而言，由此又发生了彼此之间相互理解的问题：具有不同存在规定的个体之间，如何沟通？"小知"如何理解"大知"？斥鴳之笑鲲鹏，进一步呈现了存在形态的差异以及由此导致的理解困难。它表明：小大之辩并不仅仅关乎外在的存在形态，而且更与"小知"、"大知"之分相联系，并涉及看待世界的不同视域。

【原文】

故夫知效一官，行比一乡，德合一君而征一国者，其自视也亦若此矣。而宋荣子犹然笑之。且举世而誉之而不加劝，举世而非之而不加沮，定乎内外之分，辩乎荣辱之境，斯已矣。彼其于世未数数然也。虽然，犹有未树也。夫列子御风而行，泠然善也，旬有五日而后反。彼于致福者，未数数然也。此虽免乎行，犹有所待者也。若夫乘天地之正，而御六气之辩，以游无穷者，彼且恶乎待哉！故曰：至人无己，神人无功，圣人无名。

【释义】

在这一段中，庄子首先对人的存在方式作了具体的分析。从文本来看，庄子的表述没有展开为严密的逻辑推理，而是借助隐喻、形象性的描绘等方式。对这种形象性的方式，我们要给予相当的关注。整篇《逍遥游》讨论的是何为逍遥之境以及如何达到逍遥之境，这一段也没有离开这一主题。一开始所列举的几种形态，从存在方式来看，都具有受限制的性质。限制可以有不同的意义。第一种情形，即"知效一官，行比一乡，德合一君"，一般指当时社会政治领域的得志之士，他们在伦理、政治领域受到赞赏及正面的肯定，并相应地获得名和利。然而，按照庄子的理解，这种肯定与赞誉仍依赖于外在的社会评价，其存在方式相应地依然有限制：是否获得某种名或利，取决于他人、社会对他的评价，离开了这种评价，其成功形态也就不复存在。宋荣子进了一层，他对外在评价不加理会，完全我行我素，"举世而誉之而不加劝，举世而非之而不加沮"，不管外界赞誉与否，他总是走自己的路。第一种存在形态完全依赖于外在的社会评价，一言一行还受外在规范、评价的限定；就其依存于外而言，显然尚未达到逍遥的自由之境。宋荣子则已经开始超出这样的限定，在此意义上，他似乎比前者更逍遥、更自由一些。然而，他也有自身的问题：他仍然"定乎内外之分，辩乎荣辱之境"，即还要区分内和外（以"己"为内，以外在的评价、舆论为外），辨别荣和辱。他的特点是完全按照自己的内在意愿去行动，不理会外在的评价，亦即执着于内，而拒斥外在的影响。不过，他固然不依赖于外，而仅仅以自己的内在意愿与观念为出发点，但内外之分依然存在，从而，仍受制于界限：内和外、荣和辱都是一种界限。在执着于界限的前提之下，很难说已经达到了真正的逍遥形态。后面谈到"列子御风而行"，从形象的角度来看，驾着风随意地到处行走，似乎更表现出飘逸的形态，这是对逍遥之境诗意化的描述。然而，按照庄子的理解，列子在外在形态上固然似乎非常飘逸、自在，但仍然依赖于一定条件（无风则难以成行），从这一意义上说，显然也尚未达到真正的逍遥之境。前述的几种形态尽管存在的具体方式有所不同，但在被限定这一点上，又彼此相通。逍遥意味着超越限定，被限定、受限制与逍遥、自由之境无疑存在距离。

如何才能超越限定、超越限制？庄子提出"乘天地之正，而御六气之辩，以游无穷"，作为对这一问题的回应。从实质的层面看，"乘天地之正"意味着无所凭借，不依赖于外在的条件（无待）。无所凭借，从消极方面来说，是不为外在条件所限；从积极的方面来说，则是顺乎事物内在的本性。对庄子而言，每一事物都有自身的自然之性，"乘天地之正"，无非是顺乎每一个事物自身所具有的内在之性。广而言之，这同时也就是遵循自然本身的法则。自然法则并不是超验的存在，并不呈现为外在的主宰，相反，它就内在于事物之中，体现于事物的相互关系及互动过程。按庄子的理解，唯有遵循、顺乎事物的内在的法则，才能真正达到他所追求与向往的逍遥之境。可以看到，在这一意义上，逍遥之境和自然之境彼此合二为一。事实上，自由和自然在庄子那里确乎相互重合：真正的自由之境同时意味着合乎自然。

值得注意的是，庄子特别提出了"至人无己，神人无功，圣人无名"。"至人"、"神人"、"圣人"的区分在此并不特别重要，这里更具有实质意义的是"无己"之说。按照其字面的含义，"无己"意味着消解自我，但对这一概念不能仅仅地从表层的语义去理解，而应从更内在的方面加以分析。从形式上看，庄子确实是在讲"无己"，然而，如果"无己"意味着完全否定、消解自我，那么，逍遥本身也将成为问题：没有自我，何来逍遥的主体？逍遥的主体不复存在，逍遥之境又如何落实？显然，我们需要更深入地考察"无己"的真实含义。综观其整个思想，便可以注意到，相对于其他各派，如儒家、法家或墨家，庄子哲学的显著特点之一便是把个体性提到突出的位置。如所周知，儒、法、墨都较为注重社会或群体的原则，比较而言，道家从老子到庄子都对个体的原则非常关注，从庄子对其他学派的批评中也可以看到这一点。如《天下》篇批评墨子"以此自行，固不爱己"；批评宋钘、尹文"其为人太多，其自为太少"，明确地对"己"和"人"作了区分，并对仅仅为了他人而忘却自我之举表示不满。这种批评的前提，是对"己"的肯定和承诺。从这方面来看，庄子显然并未否定自我。

那么，"无己"的真实含义究竟是什么？前面已提到，庄子对自然给予了相当的关注，逍遥之境同时被理解为自然之境。这一理解以先秦的基本哲学论题"天人之辩"为其背景。天和人的关系，是庄子反复辨析的问题。一些哲学家，如荀子，曾批评庄子"蔽于天而不知人"，这里的"天"

不限于和"地"相对的苍苍之天，而是指广义的自然，"人"则包括人的文化创造、人的文化创造的成果以及文明形态、人化的原则等等。所谓"蔽于天而不知人"，也就是仅仅突出"天"或自然的原则，完全忽视人的文化创造及文明形态的意义。荀子这一批评是否完全确当，这里不作详论，不过，注重"天"（自然），推崇、坚持自然原则，把自然状态理解为一种理想化的形态，对礼乐文明及人化的规范、文明的成果持批评的态度，这确乎构成了庄子在天人之辩上的主导立场。天人关系上的以上趋向，同时成为庄子考察"己"或自我的前提，它决定了庄子所说的"无己"，不同于完全否定自我，而是更多地表现为超越社会化、文明化的"我"。对庄子而言，由社会的规范塑造起来的"我"，并不是真正的"我"，"无己"所指向的主要是摆脱这种由礼乐文明所规定的"我"。从前面的叙述中可以看到，社会化的"我"仍受制于外在的社会评价，受制于荣辱之分，无法走出文明规范所规定的界限。在庄子看来，停留在这种文明化的"我"，往往很难摆脱被限定的状态，所谓"无己"则旨在超越外在规范塑造的"我"，回到与自然为一的真实的"自我"。

事实上，在《齐物论》的"吾丧我"之说中，以上含义得到了更具体的阐释。"吾丧我"中的"我"更多地与礼乐文明的活动及其影响与制约联系在一起，"丧我"也相应地意味着消解文明化或人化之"我"。可以看到，庄子所要"丧"、要消解的，并不是一般意义上的"我"，而是礼乐文明中的"我"。与此相联系，在"丧"或"忘"的过程中，完成"丧"或"忘"的主体始终不会失去；也就是说，作为"吾丧我"之主体的"吾"总是存在着，后者也就是庄子所理解的真正"自我"，用海德格尔的表述来说，也就是本真的"我"。与"丧我"并不意味着完全否定自我一样，"无己"也不能等同于消解自我。

要而言之，庄子事实上对"我"作了区分：其一为他所追求的真实之"我"，其二为他所否定的、打上了礼乐文明印记的"我"，后者具有被限定的性质。所谓"无己"，也就是以真实的"我"超越被限定的、取得礼乐文明形态的"我"。这里，我们可以看到其整体上的思维趋向，即对礼乐文明的疏远乃至否定。对庄子而言，走向逍遥之境，以超越礼乐文明为前提，摆脱礼乐文明的制约、达到真实之"我"，则意味着与自然合一。由此可以进一步注意到，庄子所说的自然，包括两个方面：其一与自我的存在形态相联系，其二则涉及外部对象。前者以人的天性为内容，所谓天性，亦即未经文明改造的本然之性；后者则是尚未人化的本然世界，包括其中内含的自然法则。与之相应，从个体来说，合乎自然即合乎自身的内在天性，避免以人为的外在规范对其天性加以扭曲；个性和天性在庄子那里是统一的，礼义规范在庄子看来都可能导致戕害、扭曲天性。从人与外部对象世界的关系来说,合自然则意味着一切行为都要顺乎自然的法则。可以看到,真实之"我"与逍遥之境,在自然的原则之上获得了内在的统一。自我作为逍遥的主体以合乎天性(自然)为特点,逍遥之境则以顺乎内在自然(自我的本然之性)与外在自然(对象世界及其法则)为指向。总起来,自由与自然的合一,构成了逍遥之境的实质内涵。

【原文】

尧让天下于许由,曰:"日月出矣,而爝火不息,其于光也,不亦难乎!时雨降矣,而犹浸灌,其于泽也,不亦劳乎!夫子立而天下治,而我犹尸之,吾自视缺然。请致天下。"许由曰:"子治天下,天下既已治也,而我犹代子,吾将为名乎?名者,实之宾也。吾将为宾乎?鹪鹩巢于深林,不过一枝;偃鼠饮河,不过满腹。归休乎君,予无所用天下为。庖人虽不治庖,尸祝不越樽俎而代之矣。"

【释义】

在本段中,庄子借传说中的历史人物之口来表达自己的相关观点。这段文字的重心不在评判谁更逍遥,而是通过对话,把话题引向社会政治领域。这一讨论的概念框架,显然与前面所探讨的观念前后相承。具体而言,它以自然的原则为出发点，并由此将这一原则进一步运用于社会政治领域。首先，从治国方式来看，通过爝火与阳光的比较，显示太阳照耀大地的自然性质。这里依然运用了隐喻的方式，暗示治国过程也应像太阳的照耀那样，自然而然，避免人为的设定、谋划。这种治国方式，体现了老子"自然无为"的原则。同时，这里又涉及对理想的社会形态的理解。按照后世的看法，尧为至尊之君，在万人之上，许由则只是一个隐士，没有任何社会的名分、地位。但是，从以上对话中可以看到，二者之间并不存在上下尊卑的严格区分，尧与许由都不把君主看成一种崇高的社会等级，从这一角度看，二者似乎可以说立场相近：都视社会政治地位（包括君主之位）为无足轻重之物。相对于此，儒家往往严于君臣之义的辨析：按儒家政治哲学的观点，君为主、臣为辅，这种关系是严格而不可动摇的。然而，借尧与许由的对话，庄子显然将这种尊卑关系淡化了。可以说，通过将自然的原则引用于社会政治领域，庄子在某种意义上表现出疏离甚至解构社会政治结构的趋向。

许由的回应同时涉及"名"的问题。这里的"名"既有认识论的意义，又指社会的名誉、声望。许由把"名"视为"实之宾"，"宾"具有从属的性质，"实"则既指对象，也关乎人的实际生存状态。就名实关系而言，名应合乎实；从人的"在"世过程来看，相对于实际生存状态，名声、名望在庄子看来不过是一种从属的、次要的东西，根本不值得去追求。后一观点在逻辑上连接着前面提到的"圣人无名"之说，可以看作是"无名"观念的具体引申、发挥。总起来，治国的方式、社会政治结构、社会的名声（世俗之名），这三个方面都涉及社会政治领域。从治国方式来说，庄子拒斥人为的谋划，将人的作为比作阳光之下的爝火，认为这类活动纯属多此一举，卑微而不足道；就社会政治结构而言，庄子肯定君臣之间完全可以互易其位；从社会名声的角度来看，庄子则强调声望不过是从属性的"宾"而已，不值得追求。总体上，以上三个方面都体现了自然的原则，可以视为自然原则在社会政治领域中的具体展开。

【原文】

肩吾问于连叔曰："吾闻言于接舆，大而无当，往而不返。吾惊怖其言，犹河汉而无极也；大有径庭，不近人情焉。"连叔曰："其言谓何哉？"曰："藐姑射之山，有神人居焉。肌肤若冰雪，绰约若处子，不食五谷，吸风饮露，乘云气，御飞龙，而游乎四海之外。其神凝，使物不疵疠而年谷熟。吾以是狂而不信也。"连叔曰："然。瞽者无以与乎文章之观，聋者无以与乎钟鼓之声。岂唯形骸有聋盲哉？夫知亦有之。是其言也，犹时女也。之人也，之德也，将旁礴万物以为一，世蕲乎乱，孰弊弊焉以天下为事！之人也，物莫之伤，大浸稽天而不溺，大旱金石流、土山焦而不热。是其尘垢粃糠，将犹陶铸尧舜者也，孰肯以物为事？"

【释义】

这里所说的"神人"，从一个方面体现了庄子所理解的理想人格。庄子对理想人格的描绘，在不同的场合往往呈现不同的特点。按照以上描述，作为理想人格的"神人"，似乎已带有某种超自然的特点。他餐风吸露，不食人间烟火；乘云御龙，不惧水火，颇似后来道教所渲染的仙人。事实上，这里的神人确乎已具有某种神仙的品格。由此不难看到，从道家到道教，其间似乎存在历史的延续性。作为近乎神仙的存在，神人已不是一种自然意义上的对象，而是具有超自然的特点。这是一种很有意思的现象：庄子本来推崇自然，而他所描绘的理想人格却在相当程度上向超自然的形态衍化。与自然主义的取向相对，认同超自然形态，无疑容易引向神秘主义。自然主义和神秘主义本来属两种不同的理论形态，但它们之间并没有严格的界限，在一个具体的哲学家那里，二者往往两极相通、相互过渡；这同时也表现了一个哲学家思想品格的多样化、复杂性。从历史的层面看，自然主义与神秘主义的相互渗入，似乎为从推崇自然原则的道家走向建构神仙世界的道教提供了某种理论的前提；从理论层面来说，自然的观念如何走向超自然的观念，自然主义与神秘主义如何沟通，这一问题本身又值得深入研究。

当然，联系《庄子》一书的其他论述，又可以注意到，尽管包含超自然、神秘的描述，但庄子在总体上并没有离开循乎道、法自然的原则。在《秋水》篇中，我们可以读到如下文字："至德者，火弗能热，水弗能溺，寒暑弗能害，禽兽弗能贼。非谓其薄之也，言察乎安危，宁于祸福，谨于去就，莫之能害也。故曰：天在内，人在外，德在乎天，知天人之行本乎天。"类似的表述也见于《大宗师》："若然者，登高不栗，入水不濡，入火不热，是知之能登假于道者也若此。"这里值得注意的是"非谓其薄之"、"察乎安危"、"谨于去就"、"登假于道"等表述，"登假于道"意味着对道的把握，"非谓其薄之"表明不同于轻举妄动或盲目的冲动，"谨于去就"则是在把握道的前提下，以道为依据而谨慎行事。在此，本乎天、循乎道并未完全淡出庄子的视野。

这里，同时应注意庄子的一个提法，即"孰肯以物为事"。这一表述的前提是区分"物"与"事"，反对以"物"为"事"。类似的表述亦见于《庄子·德充符》："彼且择日而登假，人则从是也，彼且何肯以物为事乎？"中国哲学史上的一些学派往往倾向于沟通"物"和"事"，这一点在儒家那里表现得特别明显。儒家常常以"事"界定"物"，郑玄在解说《大学》中的"物"之时，便认为："物，犹事也。"①这一界定一再为后起的儒学所认同，朱熹在《大学章句》中，便上承了对物的如上界说。王阳明也认为："物即事也。"②王夫之对此作了类似的阐释："物，谓事也，事不成之谓无物。"③可以说，从汉代一直到明清之际，以"事"来解释物构成了儒家的传统。"事"的特点在于涉及人的活动和人的作用：与"物"表现为对象性的存在不同，"事"首先展开为人的实践活动。逻辑上看，"物者，事也"，意味着化"物"为"事"，"物"与"事"的以上沟通与儒家注重人为相关，它意味着化自然存在状态为人化的存在状态。庄子反对以"物"为"事"，明确地对"物"化为"事"持否定的态度，这一立场既意味着反对自然的人化，也表现为对有意而为的拒斥；也正是在相近的意义上，庄子强调"圣人不从事于务"④。对庄子来说，理想的形态就是保持对象的本然形态，而不要去改变自然以合乎人的要求，这一论点同时又与逍遥的追求联系在一起。在此，自然的原则与逍遥的理想同样彼此交融。

---

① 《礼记注·大学》。
② 王守仁：《传习录中》，《王阳明全集》，上海古籍出版社，1992年，第47页。
③ 王夫之：《张子正蒙注·诚明》，《船山全书》第12册，岳麓书社，1996年，第115页。
④ 《庄子·齐物论》。

【原文】

宋人资章甫而适诸越，越人断发文身，无所用之。尧治天下之民，平海内之政，往见四子藐姑射之山、汾水之阳，窅然丧其天下焉。

【释义】

章甫（冠）之喻所要表达的意思是：对不需要戴帽子的社会群体来说，帽子完全是无用之物；同样，以平治天下为指向的礼乐文明对视自然为理想形态的人来说，也没有价值。不难看到，这一论题涉及礼乐文明及其意义。这里的整个叙事用寓言的方式展开，人物、对象都带有虚托形态，不同于历史的叙述。与以上的叙事方式相应，所谓"四子"，也没有明确地指出究竟是哪几位人物[①]，我们可以把他们理解为一种象征，喻指与文明形态相对或超越于文明形态者，"四子"所在的"藐姑射之山、汾水之阳"，则隐喻自然之境。与之相对，"治天下之民，平海内之政"则是礼乐文明社会中的存在方式。在庄子看来，身处平治天下的社会政治活动之中，并不会意识到这种存在方式没有意义，但一旦走出这一世界，来到自然之境，便会有不同的感受。章甫与

[①] 高亨认为："'四'疑原作'是'，声近而误，'是子'即指前文藐姑射之山之神人也。"（高亨：《庄子新笺·逍遥游》，《诸子新笺》，山东人民出版社，1961年，第54页）此似可备一说。

断发文身、尧与"四子"、天下海内与"藐姑射之山、汾水之阳"的比照，彰显的是自然与文明、道法自然与有意为之等差异，借助帽子的隐喻，通过突出尧在"四子"之前若有所失，庄子着力肯定了自然之境相对于礼乐文明所具有的优越性、理想性。

【原文】

惠子谓庄子曰："魏王贻我大瓠之种，我树之成而实五石。以盛水浆，其坚不能自举也；剖之以为瓢，则瓠落无所容。非不呺然大也，吾为其无用而掊之。"庄子曰："夫子固拙于用大矣。宋人有善为不龟手之药者，世世以洴澼絖为事，客闻之，请买其方百金。聚族而谋曰：'我世世为洴澼絖，不过数金，今一朝而鬻技百金，请与之。'客得之，以说吴王。越有难，吴王使之将。冬与越人水战，大败越人，裂地而封之。能不龟手，一也，或以封，或不免于洴澼絖，则所用之异也。今子有五石之瓠，何不虑以为大樽而浮乎江湖，而忧其瓠落无所容，则夫子犹有蓬之心也夫！"

惠子谓庄子曰："吾有大树，人谓之樗。其大本拥肿而不中绳墨，其小枝卷曲而不中规矩。立之涂，匠者不顾。今子之言，大而无用，众所同去也。"庄子曰："子独不见狸狌乎？卑身而伏，以候敖者；东西跳梁，不辟高下；中于机辟，死于罔罟。今夫斄牛，其大若垂天之云。此能为大矣，而不能执鼠。今子有大树，患其无用，何不树之于无何有之乡，广莫之野，彷徨乎无为其侧，逍遥乎寝卧其下？不夭斤斧，物无害者，无所可用，安所困苦哉！"

【释义】

这两段都以隐喻的方式，涉及有用和无用之辩，因而可以结合起来理解。何为有用？何为无用？这一话题背后的内在含义是关于道的学说是否有意义，用今天的话语来说则是哲学是否有用。《老子》已区分为道与为学，关于道的沉思、言说可以归入为道之域；庄子对逍遥的论辩，亦属为道之说。这一类的理论或言说有无意义？惠施认为"今子之言，大而无用"，显然对此提出了质疑。"子之言"即庄子之言，其内容涉及的是庄子的哲学思想。在一般人看来，庄子之言汪洋恣肆，庄子之思大而无当，不能解决人生的具体问题，从而也没有实际的意义。惠施的以上质疑，便明示了这一点。针对这种责难，庄子在这里作了层层的辨析和讨论。

在"子之言"之后，是更广意义上的为道之言或哲学之言。道的学说或哲学到底有没有用？如前面所提到的，按通常的观点来看，道的论辩，包括逍遥之说，并不能解决人生的切实问题，所以显得没有什么意义。庄子以瓠与树为喻，对此作了反驳，并由此进一步从正面阐述为道之学的意义。他首先区分了不同的"用"。首先是技术层面、手段意义上的"用",如树能被取材"用"来制作器具、瓠能被"用"作盛水的容器等等,这种"用",便属技术或手段意义上的"用";它们主要相对于外在的目的而言。对这一类的"用",庄子更多地持批评态度,他对机事、机械、机心的看法,亦表明了这一点。在《天地》篇中,我们可以注意到如下议论:"有机械者,必有机事;有机事者,必有机心。机心存于胸中,则纯白不备;纯白不备,则神生不定;神生不定者,道之所不载也。"机事、机械无疑亦有其用,但这种"用"主要服务于外在目的,从而与"道"难以相容。就人的存在过程而言,"技"或手段层面的"用"固然可以给人以不同之利(如"不龟手之药"或用于漂絮过程而使人获得防护,或用于战事而使人得以裂地封土),但它也同样可以带来负面的危害,对狸狌的描述便隐喻了这一点:狸狌身怀捕鼠等技,但最后仍不免"中于机辟,死于罔罟";庄子似乎以此暗示了经验之域的"技"和"用"具有二重性。

与技术层面的外在之"用"相对,为道之学体现了另一种意义上的"用"。庄子以瓠(葫芦)与树为例,对此作了阐述。大瓠既不能盛水,也不能"剖之以为瓢";大树同样难以取材,工匠也无法用它来做各种器具,从以上方面来说,二者似乎都是无"用"之物。但是,把瓠剖开放在江湖中,使之如同一叶扁舟,而人则置身其间,随意荡泛;将树植于

"无何有之乡"，人寝卧其下，徘徊其侧，则又显示出另一种意义：泛舟江河、身处"无何有之乡"的树荫之下，这更多地表现为一种逍遥、飘逸的存在方式。这种存在方式并非服务于外在目的，而是以人自身价值的实现为指向：逍遥之境即自由之境，而达到自由的存在形态，则是人所追求的内在目标。这样，瓠与树在手段与技术的层面上固然无"用"，但却具有更深刻意义上的大"用"。

瓠与树所隐喻的，是为道之学；惠施所理解的"用"，则仍停留于技术、功利之域。前面已提到，有用与无用之辩，在今天看来，实质上涉及的是哲学之用。"哲学何为"与"何为哲学"相联系，是哲学的元理论层面的问题；自其诞生之日起，哲学便不断面临着以上追问。从某种意义上说，庄子乃是以一个哲学家的自觉，对以上问题作了回应。如前所述，惠施对庄子的责难（"子之言，大而无用"），今天来看，也就是对"哲学究竟有没有用"的质疑，这一类的质疑现在依然时有所闻。庄子通过区分不同的"用"，将为道之言（包括其逍遥之论）理解为"无用之大用"：说它无用，是因为它无法解决经验领域具体的、功利的问题，亦即确乎无工具意义或手段意义上的"用"；说它有大"用"，是因为这种学说、观念能够超越工具、手段的意义，将人引向逍遥、自由之境，从而实现人自身的内在价值。对为道之学的意义作这样自觉的辩护，在先秦哲学家中似乎并不多见。今天在对"哲学何为"的问题作思与辩时，庄子的以上思考无疑仍有启示意义。

可以把《逍遥游》的开篇和最后二段联系起来看。从某种意义上说，庄子从谈"逍遥"开始，至论"逍遥"终结。最后关于"逍遥"的讨论同时又兼及为道之学或哲学的意义。如前面所论及的，对庄子而言，为道之学或哲学之"用"具体体现于引导人达到逍遥、自由的存在形态，在此意义上，《逍遥游》的整个篇章似乎前后呼应。

《逍遥游》作为一篇哲学文献，有其内在主题，具体而言，何为逍遥、如何达到逍遥，是庄子在其中讨论的主要问题。从内在的实质含义来看，"逍遥"主要表现为"乘天地之正"，后者（"乘天地之正"）既指顺乎自然的法则，也指合乎自我的天性。与之相联系的是"无己"、"无功"、"无名"。"功"往往和"利"联系在一起，"名"则涉及外在的声誉。庄子一方面要求从整体上超越社会对个体的约束，由此达到本真之"我"，另一方面又主张扬弃对外在名利的追求。礼乐文明的规范以及名、利等等，对庄子来说都是达到逍遥之境的限定，受其限定便是有所"待"，在此意义上，"无待"与超越限定是一致的。以上观念当然也可能导致对自由的思辨、抽象理解，从而有其片面性，但庄子肯定逍遥之境与存在法则以及人的内在之性的统一，无疑包含值得注意之点。以此为前提，庄子又通过对"用"的辨析，从走向逍遥、达到自由的层面，确认了为道之思的意义。《逍遥游》的这一进路，同时也从一个方面展示了庄子哲学的内蕴。

齐物论

本篇以"齐物"为题。从逻辑上说,"齐物论"包含"齐物"论与齐"物论"二重含义。"齐物"论指向世界万物:对象世界虽呈现千差万别的形态,但从"齐物"论的角度看,则最终可以分而齐之或不齐而齐。齐"物论"之"物论"直接所指,涉及关于"物"的不同观点,但在宽泛意义上则关乎一切是非之辩。"齐"广义视域中的"物论",意味着消解是非的分辨和是非论争。总起来,"齐物论"以"齐"为取向,既要求超越存在之域的分别,也试图消解观念之域的是非之辩。

【原文】

　　南郭子綦隐机而坐,仰天而嘘,荅焉似丧其耦。颜成子游立侍乎前，曰："何居乎？形固可使如槁木，而心固可使如死灰乎？今之隐机者，非昔之隐机者也。"子綦曰："偃，不亦善乎，而问之也！今者吾丧我，汝知之乎？女闻人籁而未闻地籁，女闻地籁而未闻天籁夫！"子游曰："敢问其方。"子綦曰："夫大块噫气，其名为风。是唯无作，作则万窍怒呺，而独不闻之翏翏乎？山林之畏佳，大木百围之窍穴，似鼻，似口，似耳，似枅，似圈，似臼，似洼者，似污者；激者，謞者，叱者，吸者，叫者，譹者，宎者，咬者。前者唱于而随者唱喁。泠风则小和，飘风则大和，厉风济则众窍为虚。而独不见之调调之刁刁乎？"子游曰："地籁则众窍是已，人籁则比竹是已。敢问天籁。"子綦曰："夫吹万不同，而使其自己也，咸其自取，怒者其谁邪！"

【释义】

以上为开篇第一段。南郭子綦旧说为楚昭王庶出之弟，但也可能是虚拟的人物，庄子或假其名以表达自己的思想。在这一段中，首先值得注意的是"丧其耦"的提法。"耦"是一种形象性的表述，从字面的含义看，它有两两相对或彼此"对待"之意。从后面的具体展开中可以看到，所谓"对待"或"耦"，既关乎形与神或身与心的关系，也与"我"和外部世界或物和"我"之间的关系相涉，"丧其耦"意味着超越以上对待。广而言之，"齐"的内在旨趣在于超越分别，在形而上的层面，它趋向于克服分裂的存在形态，达到混而未分的本然形态，《齐物论》从不同的角度反复论述这一基本观念，而"丧其耦"则一开始就以形象的方式将问题提了出来。尽管在此庄子并没有以义理分析的方式展开"齐物"的论述，但通过形象性的描述，以"齐"为中心的基本观点已经开始初步地展现出来。

"形固可使如槁木，而心固可使如死灰"，以形和心这两个方面为具体的关注之点。"形可使如槁木"，表明不必执着于躯体的存在：躯体的存在与生命联系在一起，但它并非恒久不变，而是可以取得类似枯萎之木的形态，从而既不再作为生命存在与外部对象对峙，也不作为形体与内在之心相对。心则与精神世界、意识状态相关联，"心可使如死灰"意味着个体之心可以远离社会意识层面的理想追求，达到超越已有社会化意识的状态。通过身、心双遣，既忘却肉体存在，又消解外在的社会化的意识，个体的精神世界便可实现某种转化，使今之"我"不同于昔之"我"。所谓"今之隐机者，非昔之隐机者"，即蕴含了以上观念。这种转化的实质含义表现在：一方面，从我和外部世界的关系看，忘却和超越我和世界的对立，亦即物我两忘；另一方面，就自我涉及的身心关系而言，扬弃身和心的对立。二者从不同的维度体现了齐物之境。

本段中同时需关注"吾丧我"这一提法。从语法结构看，以上表述中的"吾"与"我"有主宾之分，广而言之，"吾"和"我"两词在古代汉语中用法上有所区别。但哲学讨论不能仅仅限于语法意义上的分别。在上文的特定语境中，"吾"与"我"，可以视为对二种自我的指称，其中的"我"，主要与社会化、文明化的自我相联系，"吾"则表现为庄子心目中的本真之"我"。从同一文本中也可以看到这一理解的依据。《齐物论》在后文提到"非彼无我，非我无所取"，其中"彼"的含义之一，是庄子罗列的诸种社会现象，包括外在的人与人之间纷争、内在的个体精神纷扰等等。在庄子看来，如果没有这样的社会环境和现象，也就不会有文明化、社会化层面的"我"，在这一意义上，"我"更多地和社会化活动及其影响联系在一起。在本段中，"吾""我"之别，与天人之辩相互关联：真实之"吾"，也就是与"天"（自然）为一的我，所丧之"我"则是"人"化（文明化或社会化）的我。不难看到，庄子所要"丧"或消解的，并不是一般意义上的"我"，而是与"天"（自然）相对的社会化的"我"。与此相联系，在"丧"或"忘"的过程中，完成"丧"或"忘"的主体始终不会消解，这一主体，也就是"吾丧我"中的"吾"，按庄子的理解，后者同时表现为合乎"天"（自然）的真实自我或本真之"我"。上述论域中的"吾丧我"，可以与《逍遥游》篇中提到的"圣人无己"联系起来加以理解。在《逍遥游》"圣人无己"的表述中，

"己"近于受社会影响而形成的自我,也可以说是社会化的"我"。与之相应,"无己"并不是完全地遗忘自我,而是更多地表现为解构受社会影响而形成的有待之"我"。与"无己"不能等同于消解自我一样,"丧我"也并不意味着完全否定自我。当然,作为语言符号,"我"、"吾"、"己"等也可以在不同意义上使用,事实上,在《庄子》一书(包括《齐物论》篇)中,同一名或概念往往被赋予不同意义。

要而言之,在庄子那里,存在着两种意义上的自我,其一为社会化的"我"或"己",其二为本真的"我"或"吾",按庄子的理解,前者将流而为追逐外在世俗名利的个体,所谓"以物(外在名利)易己(本真之我)"①,从而在实质上停留于"分而不齐",后者则以后文所说的"天地与我并生,而万物与我为一"为指向,并由此实现"分而齐之"。

庄子在本段同时区分了"人籁"、"地籁"与"天籁"。"籁"本指作为乐器的箫,引申而言,"人籁"是通过乐器演奏而形成的音乐,"地籁"是风吹过之后,大地上各种洞穴发出的不同声音,"天籁"则是庄子着重要说的东西,其核心在于自然的和谐。为什么这里以音乐为喻?这无疑与音乐本身的特点相涉。音乐可以看作是在时间中动态展开的和谐:随着时间的绵延,各种乐器的演奏相互协调,共同合

---

① 庄子在他处一再要求"不以物易己"(《庄子·徐无鬼》)、"不以物害己"(《庄子·秋水》),其中亦包含对"以物易己"的否定。

成美的乐章，在这种绵延之美中，同时又渗入了和谐性、统一性。通过天籁，庄子着重突出了两个方面：一是"籁"（音乐）所隐喻的和谐，一是"天"所彰显的自然。所谓"自然"，意味着没有外部力量的有意作用。与之相对，"怒者其谁"中的"怒者"，则可以理解为外部的推动者，"咸其自取，怒者其谁"实际上是用反诘的形式否定自然的和谐背后有一个推动者或主宰。"怒者"同时包含内在意识，其行动表现为有目的、有意识的谋划过程，"怒者其谁"这一反诘形式在否定存在的和谐与统一有一个外在推动者的同时，也否定了以天籁形式呈现的自然之和是基于有目的、有意识的谋划。在此，庄子既以自然的观念拒斥超验的推动者，也以自然的观念否定目的论的看法，而这一立场，又与其在天道观和人道观（价值观）上坚持的自然原则相一致。可以注意到，通过"天籁"、"地籁"、"人籁"诸形态的区分，庄子着重突出了"天籁"所内含的统一义与自然义。"人籁"是人演奏的结果，基于人为的过程；"地籁"虽显示出自然的趋向，但其所成之声主要是关乎风和"众窍"（洞穴）之间的关系。如果进一步追问，"吹万不同"，其源何在？这一问题唯有引入"天籁"，才能予以具体回应："天籁"表明，天地间的乐章，其根源并非外来，而是形成于"自取"的过程（"咸其自取"）。通过三者的区分，庄子一层一层地消解了具有目的性的外在推动力量，最后突出自然之和所具有的那种超越主宰、扬弃目的性的特点。

从内在含义看，天籁与前面提到的"吾丧我"存在理论上的关联。一方面，"吾丧我"所丧之"我"，是在社会化或人化过程中塑造起来的"我"，这种"我"在庄子看来不仅与他所推重的自然相对，而且是对本然天性的扭曲或破坏，"丧我"即要求从这种社会化、人化的形态中解脱出来，回到本然而合乎天性（自然）的状态；另一方面，"吾丧我"又意味着从心与形、物与我的彼此对待，走向二者的"齐"一。以上两重含义与"天籁"所蕴含的自然（天）之和（齐），无疑具有相通性。

从本体论上说，天籁之"和"意味着整体的协调和统一，这种统一的形态与分离、差异构成了某种对照，它所体现的是本篇的主旨之一——"齐"的观念。从价值观的角度考察，天籁之"和"同时也把"和"的观念突显出来。按其本义，"和"意谓包含差异的统一，就音乐而言，"和"体现为不同声音、多样节奏之间的统一，后者不同于绝对的同一。这一意义上的"和"在某些方面与儒家所说的"和"存在相通之处：如所周知，儒家也一再提出并强调"和"的原则。当然，进一步的分析又表明，同样地关注"和"，儒家与庄子的具体侧重又有所不同。在儒家那里，"和"乃是通过外在规范（礼义等）的约束而形成：对儒家来说，唯有基于"礼"、"义"等普遍的规范，社会的和谐才成为可能，从而，外在的规范不仅必要，而且构成了"和"所以可能的条件。在庄子那里，以天籁为形式的"和"则更多地与自然过程相联系，其形成既非基于外在的规范，也非出于内在的目的，"咸其自取"，完全源于自然。

哲学家"说"哲学（表达哲学思想）可以有不同的方式，包括诗意地说（以形象性的描述和隐喻的方式言说）、批判地说（侧重于对现实的批判性考察）、思辩地说（注重形上或超验的推绎）、逻辑地说（关注形式层面的逻辑分析）。在庄子那里，诗意地说和思辩地说往往结合在一起，其思想系统中既有思辩的构造，又充满了想象和隐喻，二者的交错构成了其言说方式上的个性特点。哲学的内容和形式并非截然分离，"说什么"（哲学的内容）与"怎么说"（表达哲学内容的方式）之间有着内在的联系，不同的言说方法并不完全是外在的东西，它与所说的内容常常联系在一起。在开篇第一段，庄子已比较典型地显示了其诗意地说哲学的方式，这种言说，又包含实质的内容。以天籁为喻，《齐物论》中的基本观念（"齐"及"自然"），以形象化的方式得到了突显。"齐"要求破除对待，达到"通"的境界；"自然"则侧重于扬弃目的性及超验的存在。当然，从庄子的整个思想系统看，在肯定自然、天性的同时，庄子对文化与文明本身的正面价值似乎未能给予充分关注；在拒斥目的论及外在推动力量的同时，对人的目的性活动及其意义，往往缺乏适当的定位。

【原文】

　　大知闲闲，小知间间；大言炎炎，小言詹詹。其寐也魂交，其觉也形开。与接为构，日以心斗。缦者，窖者，密者。小恐惴惴，大恐缦缦。其发若机栝，其司是非之谓也；其留如诅盟，其守胜之谓也。其杀若秋冬，以言其日消也；其溺之所为之，不可使复之也；其厌也如缄，以言其老洫也；近死之心，莫使复阳也。喜怒哀乐，虑叹变慹，姚佚启态；乐出虚，蒸成菌。日夜相代乎前，而莫知其所萌。已乎，已乎！旦暮得此，其所由以生乎！

【释义】

　　这里首先提到了"大知""小知"、"大言""小言"。就"知"言，"闲闲"，带有某种宽泛、综合的特点；"间间"，则侧重于分辨或分析。从"言"看，"炎炎"似近于雄辩，"詹詹"则略同乎琐碎。从根本上说，不管"大知"还是"小知"、"大言"抑或"小言"，都还未能忘怀于庄子所描述的各种得失计较，没有真正地从纷争的世界超越出来，从而，"大知"和"小知"、"大言"和"小言"尽管在侧重点、思考问题的方式和表述方式上彼此有差异，但总体上依然陷于庄子所具体描述的冲突的世界之中，而尚未达到理想的存在之境①。

在这一段中，庄子以隐喻为形式，生动地描述礼乐文明所构成的社会及其特点。具体而言，其中既涉及人与人之间的关系，又关乎个体内在精神世界。从人与人之间的关系看，庄子形象地描绘了人与人之间尔虞我诈、相互算计、彼此冲突等状况，所谓"与接为构，日以心斗"；其交往过程或形似随意（缦者），或深藏不露（窖者），或深文周纳（密者）；进行是非之辩时，言词尖刻激烈若发射弩机，彼此沉默时，又显得讳莫如深，如此等等。从内在精神世界看，个体同样也时时处于紧张的存在形态之中，无论是清醒时，抑或睡梦中，精神都不得安宁，所谓"其寐也魂交，其觉也形开"。或心神不宁（"小恐惴惴"），或失魂落魄（"大恐缦缦"）；或忧思（"虑叹变慹"），或张扬（"姚佚启态"）；以上各种精神形态彼此更替而不知其缘由。总之，在礼乐文明所构成的社会中，人的整个精神世界以躁动、不安为其形态，由此远离于宁静之域；紧张、冲突构成了人的基本生存状态。这种描述在某些方面类似海德格尔、萨特等存在主义者对现代文明社会的刻画。事实上，从庄子的描述中，也似乎可以得出类似萨特那样的结论，即"他人即地狱"，

① "大知"、"小知"往往被庄子赋予不同的含义。在《逍遥游》中，"小知"、"大知"之别与"小年"、"大年"的区分相关，主要涉及视域的差异，在《外物》所谓"去小知而大知明"的表述中，"大知"更多地与经验层面以物为对象的"小知"相对而言；在《齐物论》的以上论述中，"大知"、"小知"则均被视为是非之辩中的不同现象。

人与人之间就是一种对抗的关系，随时需要防范他人。同样，别人也以类似的观念看待我，由此，个体的精神世界始终处于冲突、紧张之中，难以达到逍遥、从容的形态。在这里，庄子试图表明，礼乐文明的进步并不一定能使整个社会及人与人之间的关系走向和谐，也并不能保证人的精神世界臻于理想之境，相反，这种文明常常引发人与人之间的明争暗斗，导致精神的不安宁和纷扰。质言之，文明的进步，不仅没有赋予社会生活以合乎人性的内容，反而在某些方面使之趋向于非人性化。

与礼乐文明相对的是自然的存在形态。对庄子而言，在未进入礼乐文明的自然状态下，人与人之间并不存在礼乐文明中所呈现的紧张、冲突关系，从而，人能够如同处于"天籁"之中，宁静生活，彼此和谐相处。这样，一方面，文明并不一定使人的生活更趋于人性化，另一方面，文明社会中的紧张、冲突又反衬出文明之前自然状态的理想性：正是自然的终结，导致了前面所描述的紧张关系。"其所由以生乎"所追问的，就是礼乐文明生活中诸种问题产生的根源。庄子没有直截了当地解释，但是从其整个论述中可以注意到，在他看来，之所以导致以上状态，根源在于类似"天籁"的自然之和被破坏：自然之和不复存在，便必然会使人与人之间的关系趋于紧张，并导致精神世界的分裂、紧张与纷扰。在形式的层面，前面"天籁"的描述与这里社会现象的分析，似乎没有什么直接的联系，但文明社会的不合乎人性，却衬托出自然的完美。不难发现，其中蕴含的内在观念，依然是对自然之和的肯定。

【原文】

非彼无我，非我无所取。是亦近矣，而不知其所为使。若有真宰，而特不得其眹。可行己信，而不见其形，有情而无形。百骸，九窍，六藏，赅而存焉，吾谁与为亲？汝皆说之乎？其有私焉？如是皆有为臣妾乎？其臣妾不足以相治乎？其递相为君臣乎？其有真君存焉？如求得其情与不得，无益损乎其真。一受其成形，不忘以待尽。与物相刃相靡，其行尽如驰，而莫之能止，不亦悲乎！终身役役而不见其成功，苶然疲役而不知其所归，可不哀邪！人谓之不死，奚益！其形化，其心与之然，可不谓大哀乎？人之生也，固若是芒乎？其我独芒，而人亦有不芒者乎？夫随其成心而师之，谁独且无师乎？奚必知代而心自取者有之？愚者与有焉。未成乎心而有是非，是今日适越而昔至也。是以无有为有。无有为有，虽有神禹且不能知，吾独且奈何哉！

【释义】

本段首先讨论了彼我的关系问题。从逻辑的层面看，彼我关系涉及两个方面，其一，一般意义上外部对象和"我"

的关系。自我总是相对于外部世界而言，而外部世界的特定意义又对"我"而呈现。没有外部对象，"我"便不再是与物相对的存在，同样，离开了"我"，外部世界将失去其呈现于我的意义。由此，"我"和外部对象形成相互依存的关系。其二，如前面所论，这里的"彼"可以看作是庄子在上文描述的各种社会现象，亦即人与人之间的紧张关系以及形成于这一过程中的精神纷扰：如果没有这些社会现象（"彼"），也就不会有"我"。这一意义上的"我"，是带有社会烙印、文明印记的存在，所谓"大知"、"小知"、"大言"、"小言"等都与这一视域中的"我"相关。从后一视域看，一方面，社会中各种紧张、纷扰的关系塑造并影响了"我"，另一方面，"我"反过来也参与了这种社会纷争，所谓"非彼无我，非我无所取"，便彰显了两者之间的这种互动关系。

从庄子的角度看，"彼""我"的如上分离，既不是存在的本然形态，也不是存在的终极形态。分化是整个世界的完美形态被解构之后才形成的，而不是真实、原初的存在形态。世界本来合而为一，不存在分与别。在彼我相分之前，本然的存在"齐"而未分。那么，这种本然的存在是否表现为超越的主宰（真宰）？庄子对此显然持质疑的态度。由无"彼我之分"到有"彼我之分"，似乎存在"真宰"（超越的主宰），但这种真宰却无现实的根据可以确证。对庄子而言，彼我相分，意味着合而为一的自然状态不复存在，然而，这种超越分化的自然本身非真宰，偏离自然状态也非真宰使然。自然既是原初的，也是自然的，其后不存在超越的"真宰"。"可行己信"意味着生活中可以依据的，应当是得到确证、从而为自我所接受的形态，而"真宰"则缺乏可信的根据，形似真切，实则虚无缥缈，无法确信。从正面来说，"真宰"之缺乏确证，同时表明了存在非为超越之物所主宰，而是呈现自然的形态。

"真宰"似有而实无，对此，庄子进而以人体为例作了论证。如所周知，人作为生物，其器官涉及合目的性：人体某种器官的存在，似乎是为了满足身体其他器官或部位的需要，这种需要仿佛同时构成了相关器官存在的目的，如唇的存在，便似乎是为使齿免于寒冷，所谓"唇亡齿寒"便涉及唇与齿的以上关系，如此等等。与之相联系，器官之间似乎也形成了各种亲疏关系。庄子在此段罗列了人体的诸种部位和器官，并指出：这些器官之间事实上并不具有目的性关联或主宰与被主宰（君臣）关系，其存在完全自然而然。无论是众多的骨节（百骸），抑或眼耳口鼻等九窍或心肺肝肾等六脏，其间都既不存在亲疏关系，也非互为目的。这里提到的"真君"与前面所说的"真宰"具有相关性。"真宰"主要关乎一般意义上的存在，表现为个体、精神世界、万物之上的主宰；"真君"则以君臣关系，隐喻心之官和其他人体器官之间的关系。无论是"真宰"抑或"真君",其含义都涉及两个方面:其一,主宰、支配。其二,有目的的作用。在庄子看来,从一般的存在意义上说,整个世界并没有一个绝对支配者,也不存在有意识的作用过程;从个体器官之间的相互作用看,心之官和其他器官之间也不存在这样一个有意识的作用与被作用的过程,在这方面,否定"真宰"和否定"真君"具有一致性。通过人体器官之间自然关系的描述,庄子进一步以自然的原则否定了目的论的观点。与否定"真宰"相近,这一看法可以视为前面"咸其自取,怒者其谁"的引申,其要义也体现于以自然否定外在的主宰,以合自然扬弃目的性。

进一步看,器官的隐喻,同时关乎对秩序的理解。器官具有不同功能,彼此职能相异,但又相互协调,其间呈现内在的秩序。然而,这种秩序又非源于"真君"的支配和安排,而是自然形成。广而言之,世间万物之间,也非妄而无序,其间包含内在之序,这种秩序,同样呈现自然形态,而非由"真宰"所决定。在这里,对外在主宰和目的论的扬弃,与肯定万物之序的自然性质也呈现一致性。

以质疑真宰为前提,庄子对礼乐文明中人的存在状态,作了批判性的考察。"一受其成形",即一旦成而为人,则人的悲剧性生活也就开始了。人来到这个世界之后,从年少到年老,忙忙碌碌,既与物打交道,又与人彼此互动,终其一生，都为各种身外之事所支配，后者包括逐利与求名；与名利相关的诸种外在社会因素，都构成了对人的束缚和限定。身陷此境，人不知出路何在（"不知其所归"），更遑论追求人性化的生活。这种生存过程，在相当程度上被赋予异化的色彩，对此种生存状态的概述和前面"日以心斗"的描述显然前后呼应，其根源则同样被归诸执着于物我之分，为世俗的价值取向所左右。

基于存在过程的以上描述，庄子进一步提出人生的意义问题。"终身役役而不见其成功，苶然疲役而不知其所归"，这样一种生存方式在庄子看来是无意义的："人谓之不死，奚益！"如此活着，虽存于世，实无异于死。与批评以上生活方式的无意义性相联系，庄子同时从正面呼唤存在的自觉或存在意义的自觉："人之生也，固若是芒乎？其我独芒，而人亦有不芒者乎？""芒"有浑浑噩噩、昧而不知之意，处于此种精神状态，表明还没有达到存在意义的自觉。人是否注定处于昧然不明之中而缺乏存在意义的自觉？在这个世界上，是不是有些人已经真正达到了存在的自觉？这是以问题的方式，唤起人对自身存在意义的关注，并重新反思"终身役役"、"不知其所归"的无意义人生，由此逐渐走向真正合乎人性的存在形态。对存在意义的这种自觉反省，本身无疑有其重要的意义。

与反思或自觉意识形成对照的是"成心"。"成心"首先异于自然，表现为一种人为的观念，这种观念通过社会的作用而形成，以世俗的价值取向为内容。具体而言，从认识论的角度看，"成心"表现为主观的成见，否定"成心"，意味着反对主观的成见，后者类似孔子所说的"毋意"、"毋我"，其内在意向在于避免以个人成见影响对外部世界的观照和理解。从价值观上考察，"成心"则受世俗的价值系统和价值取向的影响而形成，在这种世俗意识的制约之下，人们难以达到对存在的自觉，无法从存在的悲剧性和无意义性中解脱出来。在以上层面，"成心"的提出，旨在揭示人们未能达到存在意义之自觉的内在根源：人们之所以虽处于不合乎人性的存在形态却昧而不知，与"成心"的影响无法分离。

在先秦哲学的发展中，存在着观念的前后联系，前述孔子之主张"毋意"、"毋我"，后来荀子要求"解蔽"等等，都包含消除个体已有成见或主观观念之意，并以此作为达到比较正确地把握人和事物的前提，庄子对"成心"的批评，与之无疑有相通之处。当然，在庄子那里，消解"成心"又与悬置、解构已有的观念世界联系在一起，庄子在《人间世》、《大宗师》中提到"心斋"、"坐忘"等要求，即与之相互关联。在庄子看来，已有的观念世界往往衍化为人的"成心"，后者可能进而把人引向各种形式的偏见，因此具有消极的意义。从认识论的角度看，对已有观念的如上理解，似乎存在自身的问题。现实的认识过程，无论以外部世界为指向，抑或以人自身为对象，都无法从无开始，而总是基于已经积累起来的认识成果和知识结构，这种已有的认识对新的认识过程并不仅仅呈现负面的影响，相反，它不仅可以使新的认识过程展开于更高的层面，而且常常为这种认识提供正面的引导。现实的认识过程难以真正完全消解已有的认识结果，如果一切都从无出发，那末，认识过程就难以达到真正的积累。庄子关于"成心"的看法，与他对儒墨所认同的文明形态的批评具有某种关联：对庄子而言，文明成果的积累更多地呈现负面的意义，这种成果影响之下形成的观念世界，也相应地具有负面性，从而需要加以解构、悬置。不难注意到，庄子对已有认识成果和新的认识之间关系的理解，存在偏颇之处。他注意到对存在的理解可能会受到"成心"的影响，但对这种影响仅仅是从负面去理解，从而表现出某种片面性。从更宽泛的角度看，"成心"按庄子之见又构成了是非之分的根源。为什么会有是非之辩？在庄子看来，其内在根源就在于人各有其"成心"：如果每一个人都执着于自己认为正确的观念，就会出现后文所提到的"各是其所是"、"各非其所非"的现象。如前所述，"齐物论"以"齐"为内在旨趣，宽泛而言，"齐"既指向外部对象以及物我关系，也涉及人的观念，其具体方面包括："齐"不同之物、"齐"物（对象）与我、"齐"身与心、"齐"是非。

"齐"与"分"相对，"分"既表现为对象世界的差异，也呈现为观念世界之对峙，是非之辩即属观念世界之"分"，与前者（对象世界之分）一样，后者（观念世界的是非之分）也被视为偏离了本来统一的存在形态，对这种现象，庄子一再持批评的态度，对"成心"的责难，也与之相关。

在以上这一段，庄子首先考察"彼我"之分，由此将"分"的问题彰显出来。"彼""我"的具体含义又可以从不同的方面去理解：或者着重于物我或对象世界和"我"的关系，或者关注于由社会塑造而成的"我"与社会背景之间的关系。执着于"彼我"之分、沉溺于名利追逐等世俗社会的价值取向，则无法避免存在意义的失落。以上现象的内在根源，与"成心"相涉，与之相联系的是消除"成心"。在这一视域中，成心与世俗的价值形态相联系，后者表现为偏离自然的文明衍化结果，以自然扬弃这种人化的产物，同时旨在从一个方面消除"成心"产生的根源。从本体论的层面来说，"成心"的产生主要与分化的世界联系在一起，如果世界依然是分化的世界，那么"成心"便仍有它产生的土壤，只有当分化的世界回复到原初统一的形态，"成心"形成的本体论的根源才能被消解。"成心"本来似乎主要与认识论问题联系在一起，但消除"成心"却不仅仅关涉认识论，而是与价值观、本体论的问题联系在一起：扬弃"成心"，同时意味着在价值观和本体论上"分而齐之"。就此意义而言，在庄子那里，认识论、价值观和本体论之间并没有严格的区分，其间更多地呈现关联性。

从认识论的层面看，庄子更多地从否定的角度看待"成心"，这一立场用现象学的话来说，也就是悬置判断。对庄子而言，在社会影响之下形成的知识，往往会限定人对整体世界的把握。这一看法与解释学的立场存在明显差异：解释学一再强调"前见"，认为"前见"既不可避免，也不仅仅具有负面作用，任何人在解释过程开始之前总是已有一定的看法，不会完全处于虚无状态；在解释过程中，"前见"与新的理解之间也并非一定相互排斥。解释学的以上观念，无疑注意到了认识过程的若干现实方面。相形之下，庄子的理解更多地带有理想化的色彩，这种理想化往往又容易走向抽象化。当然，从现实的形态看，认识过程常常面临肯定"前见"和消除偏见的张力。如前所述，人的认识确实难以从"无"开始，不管是认识事物还是解释文本，都无法完全摆脱前见的制约。但另一方面，"前见"过强，也可能扭曲对事物的认识，与之相联系，避免为"成心"所支配，似乎又是必要的。从后一意义上说，庄子的理解显然不无所见。

【原文】

夫言非吹也。言者有言，其所言者特未定也。果有言邪？

其未尝有言邪？其以为异于鷇音，亦有辩乎？其无辩乎？

【释义】

　　"吹"关乎风，"夫言非吹也"，表明"言"不同于风之吹。之所以将言与"吹"比较，可能与一开始所讨论的"人籁"、"地籁"相关："人籁"、"地籁"都与"吹"联系在一起，以此为背景，言也首先被用来与"吹"作对比。"言者有言"，表明"言"是有内容的，而非空洞无物：所谓"有言"，也就是"言"所说的东西。在这方面，言不同于风：风吹去吹来，可能影响相关事物，但风本身却飘然而过，并不留下具体的东西。不过，"言"所涉及的对象常常又是不确定的，所谓"其所言者特未定也"，这构成了"言"的困难之所在。"言"总是有所说，没有内容的"言"，不是真正的言说，然而，这一"言"说的对象或内容恰恰又是不确定的。不确定的东西如何去说？从形式的角度看，"言"本身的形式总是相对确定的，相对确定的东西怎么去说不确定的东西？具体而言，相对确定的语言形式如何去表达不确定的言说内容？这是语言表达过程所面临的问题。后面"果有言邪？其未尝有言邪"的疑问就是接着这个问题而来的，既然有"言"，那就在逻辑上预设了它有内容，既然有内容，也就承认它确实有所言说，但到底说了什么内容，由于所说的对象缺乏确定性，对此便无法加以断定。要而言之，从其有内容着眼，可以说有所"言"；从所言对象不确定、从而言说内容无法判定看，则又可以说无所"言"，有言与无言之间的界限本身难以确定。

进一步看，"言"作为一个有内容的过程，有其意义，这种有意义的陈述过程，不同于鸟类的鸣叫声，鸟的鸣叫固然也可以视为某种符号的表达方式，但这种表达方式异于语言，其符号意义也不同于语言层面的意义：动物的鸣叫声也可以有意义，但后者不是语义层面的意义。从言说与语义的关系来说，它显然不同于鸟鸣，但是，就言说也涉及声音（语音）而言，它又类似于鸟鸣。那么，言说与鸟鸣到底有没有区别？语义层面（言说）的意义与非语义层面（鸟鸣）的意义界限究竟何在？总之，按庄子的理解，言与非言的差异并不清楚，不同意义的界限也不容易区分。尽管庄子所谓"其所言者特未定"主要强调了言说对象及言说内容的不确定性，对其中包含的相对确定这一面，则未能给予充分的关注，但他对言说提出的问题，本身仍有其意义：言与非言、有所表达与无真正表达、表达是否包含意义、包含何种意义等等，这些问题都值得追问，并需要从哲学层面加以思考。

【原文】

道恶乎隐而有真伪？言恶乎隐而有是非？道恶乎往而不

存？言恶乎存而不可？道隐于小成，言隐于荣华。故有儒墨之是非，以是其所非而非其所是。欲是其所非而非其所是，则莫若以明。

【释义】

这里涉及"道"和"言"的关系问题。在宽泛意义上，"言"与"名"相涉，既关乎语言，也涉及概念。"言"或概念总是无法摆脱真实与否的问题，进一步追问，真伪的问题本身何以发生？这就牵连道的敞开与遮蔽问题。按照海德格尔的考察，真理的原始含义与"敞开"、"解蔽"相联系，从这一角度考察，则在"道"被遮盖的情况之下，对道的把握、理解便会面临是否真实的问题。言隐而不现，即"言"不能展示其真实意义，当语言的意义不能真实地展示出来的时候，是非之辩便会发生。简言之，真伪之分的形成以"道"被遮蔽为其根源，而是非的产生则与言说的真正意义被遮蔽联系在一起。

"道"遍在于万物，这是庄子的基本的观点，"道恶乎往而不存"是用反问的方式来表明"道"无处不在。在《知北游》中，庄子明确地用"周"、"遍"、"咸"来表示"道"的普遍存在。"言恶乎存而不可"中的"言"应被理解为体"道"之言，体"道"之言就像"道"本身一样，在任何情况下都具有真实性，如果真切地把握"道"，让"道"以真实的形式显现出来而不被遮盖，则这种"言"便无往而不可，就像"道"无往而不存一样。

本真之"道"如何会被遮盖？在庄子看来，"道"的被遮盖与世俗的功利行为无法相分。追逐名和利，其结果就是获得功利层面的所谓"小成"，在专注于这种世俗"小成"的过程中，"道"往往被置于视野之外。以名利为指向的世俗"小成"突出的是目的性和功利性这一人化之维，"道"则是自然的过程。追名逐利固然合乎人的功利目的，但却悖离道和自然，并最终将使"道"完全被遮盖。从语言的层面看，这里又涉及语言的表达形式和内容或"文"和"质"的问题，华丽的辞藻常常使真实的意义被遮蔽，外在的形式过分浮泛，真实的意义反而隐而不显。在诸子各派中，庄子对儒墨批评比较多，这里的批评更直截了当地指向儒墨。儒墨两家都各以其所是非其所非，也就是说，各自执着于一种非此即彼的立场，以自己的观点为正确，视对方的观点为错误，彼此相争。当然，在此，庄子乃是以儒墨为例评判一般的是非之争，并非仅仅限于儒墨这些特定学派。按庄子的理解，社会中的所有是非之争与儒墨之争一样，都各自执着于自己所认为正确的，以批评其所认为错误的。儒墨作为当时的两大显学，在这方面具有一定的代表性。

所谓"欲是其所非而非其所是"，其直接的含义是反其道而行之，而更为内在之意则是避免限定于各家各派的视域，超越他们对是非的理解，扬弃片面的是非观。从更普遍的层面看，也就是拒绝执着于是非之辩的立场。如前所述，在是非之辩中，各家都是以自己的观点为是，以他人的观点为非，庄子提出"莫若以明"，对此加以解构。关于"莫若以明"，历来解释很多，其具体的理解，需要联系整个文本以及庄子的哲学立场。与"齐是非"这一总的观念相应，"莫若以明"的"明"，可以视为本来意义上的观念形态，其特点在于自然而然、无是非之分。这一点在同一文本中也得到了印证，在本篇下面一段论述中，庄子提到"是以圣人不由，而照之于天"。这里圣人所"不由"者，即人为的划分方式：就存在而言，分别彼我；从观念来说，则区分是非，这种划分方式在庄子看来悖离于自然（天）。与之相对，"照之于天"中的"天"则意谓自然和本然。总起来，"圣人不由，而照之于天"，意味着拒绝那种物我相分、是非相争的人为划分方式，以合乎自然的方式来考察外部世界及人的观念，回归与是非之争相对的本然形态。对庄子来说，是非之辩与彼我之分一样，都是分化的形态：后者（彼我之分）是对象世界的分化，前者（是非之辩）是观念世界的分化；超越这种分化的途径，则是回到未分化的自然形态，此即所谓"照之于天"。以这样一种观点看待是非之辩，可以视为分而"齐"之的方式之一。

要而言之，在庄子看来，超越是非，不是用一种观点来否定另一种观点，如果这样，依然会陷于类似儒墨之间的"各是其所是，各非其所非"。从根本上消除是非之争，需要回复到未分化的世界，也就是从统一、本然的存在形态来观照和看待外部世界和人的观念，由此进而达到"齐是非"，后者相应于"莫若以明"。"明"在庄子那里表现为高于"知"（包括"大知"或"小知"）的观念形态，追溯得更远一些，《老子》已开始把"明"与一般意义上的"知"区分开来，将其视为合于道的智慧形态。从对象考察，表现为"明"的智慧形态所指向的是未分化的、统一的世界；就观念形态而言，所谓"未分化"，则意味着超越是非之辩，达到本然的无是非之境。

从认识论上看，庄子以"齐是非"为取向，无疑有失之抽象、简单的问题。在现实的认识过程中，执着于一偏之见固然难以达到对世界的真实把握，但认识本身的发展，又是通过不同观点、意见的相互批评、争论而实现的，消解是非之争而回到未分化的本然形态，既具有非历史的一面，也往往使认识的发展失去了内在的推动力。不过，就其试图超越执着于一端的立场、追求认识的智慧之境而言，庄子的以上看法又包含值得关注之处。

【原文】

物无非彼，物无非是。自彼则不见，自知则知之。故曰彼出于是，是亦因彼。彼是方生之说也。虽然，方生方死，方死方生；方可方不可，方不可方可；因是因非，因非因是。是以圣人不由，而照之于天，亦因是也。是亦彼也，彼亦是也。彼亦一是非，此亦一是非。果且有彼是乎哉？果且无彼是乎哉？彼是莫得其偶，谓之道枢。枢始得其环中，以应无穷。是亦一无穷，非亦一无穷也。故曰莫若以明。

【释义】

理解这一段，需要联系全篇的主旨。本篇是在"齐物论"这个总题目下展开的，"齐物"尽管包含多重含义，但主导趋向是消解差异，走向相通。从本体论的层面看，庄子认为考察对象分别涉及二重视域，一是以"道"观之，一是以物观之。以"道"观之，则对象处于原始的统一状态，本身并无差别：从"道"的观点看，整个世界是统一；"以物观之"，则世界分化而呈现差异。换言之，分化的世界相应于"以物观之"。庄子在这里提到事物多样的呈现方式，就本体论而言，它们表现为统一的世界分化之后所形成的形态，从认识论上说，它们则是在经验的层面上所把握的现象。

庄子首先从"彼""是"这个角度来讨论问题。此处之"是"意即"此"，"彼""是"犹言"彼""此"。在庄子看来，彼此是一种具有相对意义的现象，从自身的角度看是"此"，而从他物的角度看则为"彼"。就其包含"彼"这一面而言，物均可被视为"彼"，就其包含"此"这一面而言，则又都可被看作"此"。同样，在考察事物时，有不同角度的差异，"自彼则不见，自是则知之"，从"彼"那一角度看无法把握，从"此"这一角度观察则可有所知。引申而言，认识世界与认识人自身都涉及不同的视域，以自我与他者而言，从自我的视域去考察世界，可以获得某种认识，从他者的角度去看世界，则可能形成另一种认识结果，这种视域的差异，构成了前面庄子所批评的是非之争的根源之一。

就彼此本身而言，二者既存在区分的相对性，又相互具有依存性：无彼则无此，反之亦然，这就是所谓"彼出于是，是亦因彼"。由"彼是（此）"之分，庄子进而讨论更广意义上的生死、可不可、是非的区分与关联。生死、可不可、是非之间具有可转换性，这种可转换性既体现了存在的变化性或不确定性，也表现了生死、可不可、是非之间区分的相对性。所谓"方生方死，方死方生"、"方可方不可，方不可方可"、"因是因非，因非因是"等等，是以强调的形式，描述变化的世界和观念。按庄子的理解，在本体论的层面上，以上种种现象乃是在统一的存在被分化之后所形成；从认识论的角度看，这种现象又对应于不同视域的分化。如何超越以上限定？庄子以"是以圣人不由，而照之于天"对此作了回应。"圣人"在此可以理解为庄子心目中能够以"道"观之的主体,"天"即原初的自然,其特点在于既未经历对象的分化,也未形成视域的分野,"照之于天"和前文及后面的"莫若以明",都要求超越分化的经验世界和观念世界,回到本然、原始的统一形态。如前所述,"莫若以明"中的"明"不同于分而别之的知,而近于道的智慧,与之相应,"照之于天"与"莫若以明",都意味着在"道"的智慧观照之下,重新回复到统一的存在形态。通常把庄子在本段所作的描述,视为其相对主义的表征,这一看法的前提是以上面描述的世界为庄子所确认的真实世界,也就是说,庄子把世界看成是如此这般的形态。事实上,从"齐物论"的主旨看,以上这一类变化、不确定的现象,并不是世界的真实状态,恰好相反,按庄子的理解,这些现象都是世界分化之后所形成的,这种分化表现为两个方面,其一,从本体论上说,本然世界被分化为多样的、变化的现象,其二,就认识论而言,从不同视域去看问题,往往形成关于世界的多样而不确定的看法。以上二重意义的分化,都是"齐物论"试图加以消解和超越的。具体而言,如何消解或超越分化、变化的世界和观念?"照之于天"、"莫若以明"便可以视为庄子所理解的进路,这一进路的目标,则是回到"天"与"明"所表征的本然和自然之境。

顺便指出,按其内在逻辑,"齐物论"可能更容易走向绝对主义与独断论而非相对主义。如前所述,"齐"所侧重的是消解差异，后者既包括超越对象世界本身的差异、物我彼此的差异，也以扬弃是非之间的差异为指向，后者即所谓"齐是非"。是非之争本来是不同观点和意见之间的争论，其中蕴含着对多样性和不同看法的宽容，"齐是非"在超越是非之争的同时，也意味着消除多样的观点，回复到未分化的、统一的看法。从认识论上看，走向统一既表现为对统一之"道"的追求，也在逻辑的层面趋向于拒斥多元的观点。对思想多元性的这种摒弃，无疑蕴含走向强化一元的绝对主义或独断论的可能，在这方面，以上观念与相对主义主张认识标准的多元化显然有所不同。庄子以"齐物"立论，由此出发，相对主义对认识多元性的肯定，在逻辑上无疑难以为其所接受。如果将庄子的以上看法归结为相对主义，则在某种意义上把庄子所批评、否定和解构的东西当作庄子本身所赞成的观点。

本段还谈到"彼是莫得其偶，谓之道枢"。"偶"有相对之意，"莫得其偶"意味着消除对待，前面所述"方生方死"中有"生"和"死"的对立，"方可方不可"中有"可"与"不可"的分化，"因是因非"中有"是"与"非"的区分，"莫得其偶"意味着把其中两两相对（"偶"）的方面加以消除，回复到无对待的统一形态，在庄子看来，唯有如此，才能应付这个世界的各种变化。可以注意到，庄子的正面立场是由"分"而"齐"，亦即从分化的世界回到统一的存在形态，"照之以天"、"莫若以明"都体现了这一点；"莫得其偶"，则可以视为"照之以天"、"莫若以明"具体内涵的进一步概述，正是在此意义上，庄子将其称之为"道枢"。按庄子的理解，以此为总的原则，便可以应对千差万别、不断变化的对象和观念，此即所谓"以应无穷"。

【原文】

以指喻指之非指，不若以非指喻指之非指也；以马喻马之非马，不若以非马喻马之非马也。天地一指也，万物一马也。

【释义】

理解这一段中"指"的含义，需要联系公孙龙"指物论"中的"指"。"指"的直接或本来之意可能与以手指"指"物相联系，这一原初意义逐渐衍化之后，便开始获得与"名"相关的含义：作为用以指称、表述对象的形式，"指"本身可以被抽象化为一般的符号。引申而言，与"名"相关的"指"也可以被理解为概念。在"以指喻指之非指"中，前二个"指"可以理解为我们运用来区分、指称事物的概念，"非指"之"指"则可以视为"指"所指向的对象，后者与"所指"有相通或相近之处，"以指喻指之非指"，意即通过运用某种概念来说明概念与概念所指称的对象之间具有不一致的关系，或对象无法用一般的概念来指称。在庄子看来，概念具有不足以把握对象的特点，概念与它所指称的对象之间也往往彼此悖离。反过来，对象也无法完全合乎概念的全部内涵，二者之间总是存在差异。总起来，所谓"以指喻指之非指，不若以非指喻指之非指也"，其意即是：通过运用概念来表示概念所指称的事物与概念本身并不一致，不如直接消除概念本身或不使用概念来表明以上关系。在此，"不若以非指喻指之非指也"中的前一个"非指"表示超乎概念，后一个"非指"则表示所指称的对象，并涉及概念与对象的区分。就其强调名言与对象之间的张力而言，庄子的以上观念与《老子》的"无名"论有相通之处。后面关于"马"的论述与"指"的讨论前后相承。"以马喻马之非马"中，前面的两个"马"是指"马"这一概念，后面的"马"，则是指作为对象的"马"。所谓"以马喻马之非马，不若以非马喻马之非马也"，也就是：用"马"的概念来说明马并不是"马"这个概念所表示的对象（即"马"这一对象不合乎"马"的概念），不如不用"马"这一概念指称与表示"马"这样的对象。前面"以指喻指之非指"主要从一般的层面考察，涉及概念与对象的一般关系，"以马喻马之非马"则关乎"马"这一特定概念与作为特定对象的"马"之间的关系。

庄子为什么从上述角度讨论问题？这可能与概念的本性相联系。"名"或概念总是有"分"的特点，"名"（特别是具有指称意义的"名"），总是把事物、对象一个个地区分开来：在没有为概念所指称之前，对象世界浑然一体，当人运用概念去指称对象时，对象便被区分开来，在此意义上，概念与"分"联系在一起。可以看到，庄子在这里更多地关注概念的区分功能，在他看来，如果运用概念，那就势必把统一的世界分解成不同方面，多样的概念意味着把世界分解成多样的对象，由此，一个本来"未始有封"、没有界限的世界，就变得有界限。齐物论的主导趋向是要消除界限，这与康德注重划界正好形成某种对照：康德趋向于在不同领域之间划界，并相应地强调概念的作用，庄子则在"齐物"这一总的观念与原则之下，一再地试图超越界限。"名"或"指"往往与划界联系在一起，正是"名"或"指"的这一特点，决定了庄子倾向于限制或消解其作用。为什么庄子在前面分析了各种分化的现象之后，紧接着在此提出"指"的问题？从以上分析中，不难发现其中的内在缘由：对"指"的以上讨论固然关乎先秦名学的一般背景，但在更实质的层面则与分而齐之的进路相联系。

后面"天地一指也"，表明不仅具体的某一"指"无需指称某一个对象、某一"名"或概念不必用以指称特定对象，而且一般概念与天地之间一切现象的关系都是如此。质言之，不需要用概念把整个世界分割成不同的形态。同样，"万物一马也"也表明，天下万物与概念的关系，也像

"马"这个概念和它的对象一样。前面庄子谈"指"和"非指"、"马"和"非马",这里相应地也借助"指"和"马"之辩,从总的方面强调"名"和对象世界的关系具有消极意义,其中的内在要求是从普遍的层面超越以名辨物。联系全篇,可以看到,庄子对"名"和"言"的理解前后一致,对一般意义上的"名"、"言"能不能把握具体事物与"道",总体上持存疑的态度。这一立场的形成当然有多方面的根源,就上文所述而言,这种存疑似乎更多地与强调"名"、"言"对世界的分而论之相联系。

概括而言,这一段与前一段相互关联,总体上追求"齐"或未分化的存在形态。庄子在前一段所描绘的分化、变化的现象世界,相应于以物观之,这种经验层面的现象,是庄子试图加以否定与超越的,所谓"莫得其偶"、"莫若以明",便表明了这一点。对"指"的讨论,进一步趋向于消解概念的区分功能,由此回复到本然的世界。在庄子看来,本然的世界是一个未分化的世界,界限形成于各种因素的作用,在认识论上,导致分化的最重要因素是考察事物的视域:物我、彼此之分都关乎以物观之的视域。这一段对"指"的看法,侧重于名学层面的分析,其中既蕴含着《老子》"无名"论的影响,也在内在逻辑上体现了"齐"这一本篇的主旨,后者在此具体表现为通过消解名言对世界的区分,以超越差异和界限。

【原文】

可乎可，不可乎不可。道行之而成，物谓之而然。恶乎然？然于然。恶乎不然？不然于不然。物固有所然，物固有所可。无物不然，无物不可。故为是举莛与楹、厉与西施，恢恑憰怪，道通为一。其分也，成也；其成也，毁也。凡物无成与毁，复通为一。唯达者知通为一，为是不用而寓诸庸。庸也者，用也；用也者，通也；通也者，得也；适得而几矣。因是已。已而不知其然，谓之道。劳神明为一而不知其同也，谓之朝三。何谓朝三？狙公赋芧，曰："朝三而暮四。"众狙皆怒。曰："然则朝四而暮三。"众狙皆悦。名实未亏而喜怒为用，亦因是也。是以圣人和之以是非而休乎天钧，是之谓两行。

【释义】

在这一段中，首先提出"可"与"不可"的关系问题。根据庄子的立场，"可"与"不可"的区分本身也是从人的视域考察对象的产物。这里提到的"可于可"、"不可于不可"，涉及通常形式逻辑所说的同一律，在"可"和"不可"已经分化的前提之下，对事物或观念的肯定（可）或否定（不可），都需要遵循同一律。"不然于不然"之后，按语义及文献，本应有"恶乎可？可于可。恶乎不可？不可于不可"，但今本（包括郭庆藩的《庄子集释》）未见此四句。揆之《庄子·寓言》，类似句子则表述为："恶乎然？然于然。

恶乎不然？不然于不然。恶乎可？可于可。恶乎不可？不可于不可。物固有所然，物固有所可，无物不然，无物不可。"其中保留了"恶乎可？可于可。恶乎不可？不可于不可"句。王闿运曾认为："以寓言篇证之，'不然于不然'下似应更有'恶乎可？可于可。恶乎不可？不可于不可'四句，而今本夺之。"刘文典对此作了如下评议："王说是也。此文本以'然不然、可不可'对言，故下文云：'物固有所然，物固有所可，无物不然，无物不可'，今本'不然于不然'句下脱此四句，又误移'可乎可，不可乎不可'于上文，句既错乱，义遂不可通矣。"[①]王、刘之说均有其据，可参照，但从逻辑上，可联系相关文献（包括《庄子·寓言》）对此篇内容作如上解释。"道行之而成"的直接含义为：路是人走出来的，当然，在庄子的陈述中，其中又蕴含更为深层的含义。这里的"道"与作为存在原理和存在法则的"道"有相通的一面，"道"的原始含义即关乎道路。从存在原理和存在法则的把握看，"道行之而成"，意味着"道"乃是在人"以道观之"这一作用于世界的过程中具体呈现，在此，道之所成与"以道观之"表现为同一过程的两个方面。"物谓之而然"，则是指事物到底被称为什么，取决于人的指称过程，正是通过人的称谓过程，某一事物获得了相关之名，如人以

---

① 刘文典：《庄子补正》，云南人民出版社，1980年，第60—61页。

"火"称谓火这类对象，而火之获得"火"这一名称，便源于这一过程。抽象地看，"然"也有"如此"、"这样"之意，从这一层面说，"物谓之而然"，也就是物通过被称谓，而获得如此这般的"名"，从而可以被辨识。就此而言，这里似乎指出了"名"的形成具有约定性的一面，后来荀子对此作了更为明确的说明，所谓"名无固宜，约之以命，约定俗成谓之宜"①。从存在形态看，然与不然、可与不可，依据其自身的存在规定；从名与实的关系看，然或不然、可或不可则关乎历史过程中的"谓之"过程。引申而言，从认识论上说，对然与不然、可与不可的判定，既基于事物本身的规定，也关乎历史过程中形成的名实关系。

　　从存在层面"然与不然"、"可与不可"的意义出发，庄子作了进一步的推绎。就事物都各有其自身的肯定规定（"然"、"可"）而言，可以说"无物不然"、"无物不可"。由此，庄子对分化的对象世界所呈现的种种差异重新做出判断。对庄子而言，一般所理解的差异与区分，包括大和小、美和丑、成与毁等等，都源于以人观之，如果从"道"的角度看，则这些似有差别的事物其实处于统一的形态，所谓"道通为一"、"复通为一"便表明了这一点。可以注意到，庄子在此并未简单地否定差异，这里的重要之点在于

---

① 《荀子·正名》。

他对以物观之、以人观之与"以道观之"作了区分。在庄子看来，存在的真实形态需要通过"以道观之"加以把握。从理论进路看，这里体现的是一个"有而无之"的过程：首先承认在经验层面，与以人观之和以物观之相联系，现象世界呈现大小、美丑、成毁等差异，从经验和物的层面看，经验世界存在这种差异是无法否认的。但是，按庄子的理解，不能仅仅停留于这样的经验层面，而是应进一步从"道"的观点看，一旦以道观之，则事物之间的差异便可加以消除与解构。后面"唯达者知通为一，为是不用而寓诸庸"，更明确地把视域的转换提到重要的位置。这里的"达者"可以理解为臻于智慧之境的人，其特点在于已超越经验层面的以物观之而提升到以道观之的层面。唯有如此，才能真正达到"道通为一"的境界。庄子所假定的本然存在处于没有分化而统一的形态，分化乃是伴随着是非之辩等不同视域的出现才逐渐形成，庄子所追求的，就是回复到本然意义上的统一形态，这样的回复唯有通过视域的转换才能实现。要而言之，如何看待与理解这个世界，与人的视域无法相分：从经验的角度考察，看到的是分化和差异的世界，从"道"的角度视之，看到的则是"道通为一"的世界。"为是不用而寓诸庸"中的"庸"，具体地和"通"联系在一起："庸也者，用也；用也者，通也；通也者，得也。"总起来，"为是不用而寓诸庸"也就是超越执着于"分"的形态，达到"通"的视域并以"通"观之，由此真正地把握世界的真实形态。以道观之的如上视域，非源于刻意求之，而是在放弃以人观之和以物观之以后自然形成，所谓"已而不知其然，谓之道"。

后面提到"劳神明为一，而不知其同也"，其中关乎"一"与"同"之别。这里所谓"一"有其特定含义，主要指实际上并不存在差别，却执着地以为有差别，"朝三暮四"和"朝四暮三"便表明了这一点："朝三暮四"和"朝四暮三"在总量上是一回事，并无差别，但众狙（猴）却特别地要从无差别中找出差别，执着于"朝四暮三"而反对"朝三暮四"。这就是庄子所谓"劳神明为一"，亦即虽执意加以区分，但实际结果却并无差别，这和前面提到的"为是不用而寓诸庸"正好形成对照："为是不用而寓诸庸"表现为超越"分"的视野，并以"通"观之。

当然，从另一角度看，"朝三暮四"和"朝四暮三"尽管在总量上一样，但其意义并不完全相同，这里的"意义"包括语用学上的意义和语义学上的意义。从语义学上说，"朝三暮四"和"朝四暮三"这两个词的词义显然不一样；在语用学层面上，"朝三暮四"和"朝四暮三"对个体来说，其意义差别显得更为明显：在不同时间（朝或暮）获得不同份额（三或四），对相关个体及其生活常常会带来不同影响。可以看到，从逻辑上分析，"朝三暮四"和"朝四暮三"之间无疑存在内在差异，然而，庄子却认为二者虽表述不同，但"名实未亏"。"名实未亏"意味着"名"与"实"完全一致、没有差异。事实上，以上分析已表明，对此显然不能作这样的断定，在这方面，庄子的看法无疑存在逻辑上的问题。就内在取向而言，庄子的以上理解背后，则蕴含着消解、超越概念内涵差异的立场。

本段最后一句为"是以圣人和之以是非而休乎天钧，是之谓两行"，其中"天钧"指自然的等同或统一。"和之以是非"，意味着从"道"与"通"的观点出发，消解是非之分或是非之辩；"休乎天钧"则进而将事物的差异还原于自然的等同或统一形态，这一意义上的"天钧"，同时构成了"和之以是非"的本体论根据。以上二重含义，也就是所谓"两行"。具体而言，对庄子来说，在本体论上，对象世界本身不存在什么差异；在认识论上，是非之分也缺乏真实依据。由此，庄子对认识论上的是非之分和本体论上的对象差异作了双重的排遣。可以看到，这一段核心的观念体现于"道通为一"，其中既蕴含了本体论的看法，也渗入了认识论的立场，事实上，在庄子那里，认识论的视域与本体论的观念无法截然相分。

【原文】

古之人，其知有所至矣。恶乎至？有以为未始有物者，至矣，尽矣，不可以加矣。其次以为有物矣，而未始有封也。其次以为有封焉，而未始有是非也。是非之彰也，道之所以亏也。道之所以亏，爱之所以成。果且有成与亏乎哉？果且无成与亏乎哉？有成与亏，故昭氏之鼓琴也；无成与亏，故昭氏之不鼓琴也。昭文之鼓琴也，师旷之枝策也，惠子之据梧也，三子之知几乎，皆其盛者也，故载之末年。唯其好之也，以异于彼，其好之也，欲以明之。彼非所明而明之，故以坚白之昧终。而其子又以文之纶终，终身无成。若是而可谓成乎？虽我亦成也。若是而不可谓成乎？物与我无成也。是故滑疑之耀，圣人之所图也。为是不用而寓诸庸，此之谓以明。

【释义】

这一段首先从"知"谈起。"古之人，其知有所至矣"，这是就人的认识所达到的形态来说。后面区分了几种不同的认识形态，这种认识形态同时也涉及看待和理解世界的不同方式。其一，"以为未始有物"，即认为最初并不存在"物"，这是最高的形态，所谓"未始有物"意味着还未发生"有"和"无"之分，当我们说"有物"时，此"物"便与"无"相对，在"未始有物"之时，"物"尚未存在，"无"和"有"的区分也无从发生，这是最原初的认识形态，也是最高形态，所谓"至矣，尽矣，不可以加矣"。其二，"以为有物"，即开始确认"物"的存在，但此时，物的世界还处于混沌状态，没有界限，没有分化，所谓"未始有封"。其三，"以为有封"，即混沌的世界开始出现了区分，但是，此时还没有是非之辩。最后，是非之辩开始出现，道也随之被遮蔽，并失去其整体性和全面性，所谓"道之所以亏"。"知"的以上衍化之后，是存在本身的不同呈现形态：在最原初的状态中，无物存在；其次，开始有"物"，但物本身还处于混沌状态，尚未分化；再次，出现了分化和界限，但这种"分"主要表现为对象世界的分化；最后是观念世界的分化，其特点表现在是非之辩的出现。一旦观念世界出现分化，"道"就不再展现为统一、整体、全面的形态，而是有所"亏"。

"亏"与整体、全面相对而言：直观地看，整体缺了一部分，即为"亏"。这里的"亏"可以理解为不全面或片面。"道"本来是一整体，是非之辩出现以后，论争的各方往往抓住一点而不及其余，"道"由此不再以全面的形态呈现。"道"一旦被片面化，基于个人偏爱的观点（一偏之见）就随之出现，这也就是所谓"道之所以亏，爱之所以成"。庄子的以上看法将"道"和个人的偏见对立起来："道"本身是整体、全面的，一旦偏离了"道"，必然会形成一偏之见。对个人偏爱的这种批评既与前面责难"成心"相互联系，又关乎本体论的视域：一偏之见的形成与道的片面化，被视为同一过程的两个方面。

庄子以"鼓琴"为例，对以上观点作了进一步的说明。

琴在演奏的过程中，其音调总是错落有致，所谓"有成有亏"，如果宫商角徵羽等所有的音调都同时出现，那就不成曲子。欲"无成与亏"，那就唯有不"鼓琴"。然而，从音乐审美的角度看，不"鼓琴"往往会形成更高的审美效应，所谓"大音希声"、"此时无声胜有声"，昭氏（昭文）作为善鼓琴者，便深谙此道。广而言之，有所为总是会同时带来一些欠缺，在"无为"的状态中，整个过程便没有什么成和亏之分。昭文之鼓琴是如此，师旷之击鼓、惠子（惠施）之论辩也不例外，"三子"怀技虽各异，但在把握"成"与"亏"的关系方面却彼此相通，故都能享誉晚年。不过，在庄子看来，"三子"所好，固然不同于常人，但他们又试图通过"明之"而彰显其所好，如此彰显，则导向消极后果，后来的离坚白之类的论辩，便与这种趋向相关：尽管"三子"之一的惠施在名学上主张"合同异"，从而不同于"离坚白"，但以"明之"为形式的彰显，其特点仍在于分辨（分疏而明辨之），在此意义上，"明之"不仅与避免"亏"（道的片面化）存在张力，而且容易引发不同形式的辩说，包括坚白之辩。由此，庄子认为，所谓"成"，具有相对的意义，而迷惑人心的各种巧辩（"滑疑之耀"），则为圣人所鄙视，这里的"圣人"，可以视为前面提及的达到智慧之境的"达者"。最后，庄子再次提到"为是不用而寓诸庸"，这里的"庸"（"用"）同样与"通"相联系，"为是不用而寓诸庸"也就是由执着于"分"的"明之"，走向统一而无所"亏"（没有片面化）的道。

可以看到，庄子在本段的主要看法依然是破除各种区分与对待。对庄子而言，最原始的存在中甚至没有物与非物之分，后来各种形式的分化都是对这种真实形态的扭曲与破坏。同样，不同的片面观点，都是在分化之后出现的现象，在没有是非之辩以前，真理表现为全体。从认识论的角度看，"道"本来以整体、统一为其形态，有所"亏"便无法达到道的真理。不难注意到，对庄子而言，认识论的进路和本体论的进路是相互统一的，他一开始说"其知有所至矣"，似乎更多地涉及人的认识所达到的境界，然而，这一问题同时又与他对整个世界的看法联系在一起，亦即和本体论的问题相关联。同样，是非之辩在狭义上本来属于认识论的问题，但庄子却把是非之辩放在本体论的领域来加以讨论，也就是说，存在的图景和对存在的认识彼此互融。总之，在庄子那里，认识论问题的讨论和本体论问题的讨论总是相互交错，而非彼此分离。这样的进路也许会使认识论本身不能充分展开，但就其拒绝将认识的问题和存在的问题截然分开而言，无疑又不无所见。

在以上视域中，同时包含着对界限的拒斥。"封"即界限，真实的世界没有界限，"封"的出现表明本然世界开始被扭曲。庄子看到了一般的经验世界中存在界限，而他本身则不断地试图超越、解构这种界限。这样的理解当然也有其问题，如后面将看到的，完全消除界限在理论上将导致对世界的思辩理解。但是，超越界限仍有正面的意义。对统一性的追求、对分化世界的扬弃，意味着不能人为地把整个世界切割成一个一个壁垒分明的界域，并停留在这种截然相分的世界之上，而应该从统一的层面去把握这个世界。总之，庄子的一些思辩表述或许不能为我们所接受，但在破除界限、扬弃存在的分裂状态、追求统一等方面，其思考依然有其意义。

【原文】

今且有言于此，不知其与是类乎？其与是不类乎？类与不类，相与为类，则与彼无以异矣。虽然，请尝言之。有始也者，有未始有始也者，有未始有夫未始有始也者。有有也者，有无也者，有未始有无也者，有未始有夫未始有无也者。俄而有无矣，而未知有无之果孰有孰无也。今我则已有谓矣，而未知吾所谓之其果有谓乎？其果无谓乎？天下莫大于秋豪之末，而大山为小；莫寿于殇子，而彭祖为夭。天地与我并生，而万物与我为一。既已为一矣，且得有言乎？既已谓之一矣，且得无言乎？一与言为二，二与一为三。自此以往，巧历不能得，而况其凡乎！故自无适有以至于三，而况自有适有乎！无适焉，因是已。

【释义】

本段首先提出如下问题：这里已有所言，但所谈论的这些内容与其他的言说和观念是不是属于同一类？此处值得注意的不是彼此不同的言说和观念是不是同属一类，而是由此引出的"类"与"不类"的关系问题。从日常的经验看，不同的类确实彼此有区分，但是从更普遍的观念看，这些彼此相分的类又从属于更大的类，相应地，本来不属于同一类（"不类"）的对象，其差异也将消解在更大的类之中，所谓"类与不类，相与为类，则与彼无以异矣"。这里，庄子从个体间的关系进一步推向类与类之间的关系，就齐物而言，不仅需要扬弃个体之间的差异，而且需要消解类与类之间的分别。类与类之间的关系涉及逻辑意义上的推论，与之相联系，对差异的消解也有其逻辑的意味，从后面庄子关于"始"和"有""无"关系的讨论中，可以看到，其论说蕴含逻辑上的设定。在逻辑的层面，我们可以追问存在的开端（"始"），从具体事物，到整个世界，都可以追问其开端。由开端的追问，进一步又可以提出如下问题：开端之前（"未始有始也者"）是什么？开端之前的之前（"未始有夫未始有无也者"）又是什么？如此不断地追问，将导致无穷的后退。"有无"问题也与之类似：首先可设定"有"（"有有也者"），"有"之前又可设定"无"（"有无也者"），"无"之前，还可设定"无"之前的存在（"有未始有无也者"），进一步，还可设定"无"之前的"无"尚未形成的存在形态（"有未始有夫未始有无也者"）。"有""无"涉及存在与否的问题，"开端"则关乎时间的问题，从更本源的方面看，二者都与界限相涉：时间意义上的起点（"始"）或存在意义上的起点（"有"或"无"），都构成了某种界限。按照庄子的推论，在达到某种界限以后，可以进一步追问：界限之前是什么？由此不断地往前追溯。不管是存在意义上的有无，还是时间意义上的开端，在形成界限后，都可以层层地往前推，从而在逻辑上引向无穷的后退。无穷后退在哲学讨论中一般都试图加以避免：无穷后退意味着永远达不到一个确定的点，由此也难以形成对世界真正有意义的理解。界限的设定与逻辑上无穷后退的以上关联，表明界限本身有其内在问题。从庄子的角度看，界限与"齐物"又彼此相对："齐物"以统一的存在形态为指向，既无时间上的开端，也不发生"有"与"无"的问题，从而没有界限可言。既然设定有分有界的世界必然导致逻辑上的无穷后退，那么，视域便应转向无界限的齐物之境：对庄子来说，唯有后者才是真实的世界。

庄子的推论从"始"、"有"、"无"等入手，无疑具有形而上的意义，然而，庄子对形而上学问题的讨论以及"齐物"的论证，同时又渗入了逻辑的视域：形而上的话语和逻辑的推论在这里相互交错和渗透，其中包含着对形而上学问题的某种逻辑的言说。按通常的理解，从逻辑分析的角度去讨论形而上或本体论的问题是西方哲学的特点，中国哲学似乎主要不是从逻辑的层面去讨论本体论的问题。然而，从庄子的以上思想中可以看到，中国哲学在讨论形而上学问题时，同样也渗入了逻辑的视野，对形而上学问题作逻辑的言说，也内在于中国哲学之中。庄子在本段中的论述，并不直接表现为对实际世界的论定，而是首先从逻辑推论的层面展开，"有始"、"未始有始"以及"有"、"无"都关乎逻辑设定和推绎。这些论说无疑是一种言说，所谓"今我则已有谓矣"，便表明了这一点，然而，就其主要不是对世界本身加以论断而言，又可以对其是否真正作了言说提出疑问，所谓"未知吾所谓之其果有谓乎？其果无谓乎"即关乎此种疑问。从另一角度看，这种疑问本身也表明其以上言说不同于通常意义上的事实判定，而是更多地侧重于逻辑层面的推绎。就哲学史而言，这种推绎的意义之一，在于从一个方面体现了中国哲学讨论形而上学问题的特点。

后面提到了差异的问题。"秋豪（毫）"和"泰山"涉及空间上小大之别，"殇子"和"彭祖"则关乎时间上的长短之异。在分化的世界中，人们往往执着于各种差异，包括大小、长短、有无等等。正由于差异只是存在于已分化或有界限的世界中，因而，这样的区分从实质的层面看只具有相对的意义，所谓"天下莫大于秋豪（毫）之末，而大山为小；

莫寿于殇子，而彭祖为夭"，便指出了这一点：通常以"秋豪（毫）之末"为小，但从其合乎自身的规定性看，它并无不足，就此言，也可以说没有什么更大于"秋豪（毫）之末"；泰山一般被归于大的存在形态，但从与自身存在规定一致看，也并没有任何多余，就其未超出自身言，也可视其为小。在生命的长短方面，殇子与彭祖的关系也与此类似。

"天地与我并生，而万物与我为一"进一步涉及自我与世界的关系。就人的存在而言，在"以人观之"的前提下，"我"与外部世界的区分，往往构成二者关系的基本形态。然而，个体如果转换视域，走向"以道观之"，则自我与天地万物便不再彼此相对、隔绝，而是在时间和空间上都呈现统一性。这里的"并生"、"为一"，涉及视域转换之后对个体与世界关系的理解，其内在旨趣在于扬弃二者的分离、对峙。对庄子而言，存在的界限归根到底是以人观之的结果，从"以道观之"或存在的本来形态看，这种界限本身就可以得到消解。

最后，庄子进一步从"言"和"说"的角度加以讨论。在"齐物"或未始有"封"（没有界限）的存在形态中，"言"与"所言"、"说"与"所说"之间的界限（区分）也并不存在。"既已为一矣，且得有言乎？"如果能真正理解"万物与我为一"的存在形态，那么"说"和"不说"的区分也就不需要再坚持了。如果依然要对存在有所言说，在庄子看来便可能陷于另一种逻辑上的无穷后退。"一"表现为"其大无外"的本然存在形态,"言"是人之言说,本然的存在形态和人的言说加起来是所谓"二",对"二"这样的形态再作论定或者言说,则形成"三",对"三"的形态进一步加以言说,便形成新的累加,如此不断延续,其结果便难以避免逻辑上的无穷后退,所谓"一与言为二,二与一为三。自此以往,巧历不能得,而况其凡乎"。进一步看,"自无适有以至于三,而况自有适有乎!"从非具体的存在到具体的存在尚且如此,从一种具体的存在走向另一种具体的存在,如果也这样不断地追溯,就更将永无终结。从庄子的角度看,以上问题的根源在于执着于"分"——"说"和"所说"的分离。人的言说和言说的对象本身表现为一种对待关系,在所说者之外总是还可发现有待进一步言说的东西,一旦执着于这一区分,逻辑上就会导致无穷的后退,要避免此种归宿,便必须放弃以上取向,所谓"无适焉,因是已"。可以注意到,庄子所持的立场是超越说和所说的对立,这与观念领域的"齐是非",在理论上前后相通。

就言说而言,以上讨论同时涉及本体是不是可以"说"的问题。在形而上的层面,"一"可以视为大全,对"一"这种大全是不是可以有所言说?对此,庄子在这里似乎持存疑的态度。在他看来,一旦有所说,就必然形成说与所说的对待,由此进而导致某种逻辑悖论。类似的问题在后来的哲学家中仍被提出，如在中国现代哲学中，冯友兰亦曾涉及大全是不是可以言说的问题。在他看来，所谓大全总是"至大无外"，而对其言说则在此大全之外，这样，"说"与"大全"便形成某种对待关系，一旦对它有所说，则大全便不再是真正的"至大无外"，因为此大全之外还存在与之相对的言说。比较而言，庄子似乎更侧重于从层层累加将导致逻辑上的无穷后退这一角度，质疑"一"的可言说性，其内在的指向，则依然是分而齐之。

【原文】

夫道未始有封，言未始有常，为是而有畛也。请言其畛：有左，有右，有伦，有义，有分，有辩，有竞，有争，此之谓八德。六合之外，圣人存而不论；六合之内，圣人论而不议。春秋经世先王之志，圣人议而不辩。故分也者，有不分也；辩也者，有不辩也。曰：何也？圣人怀之，众人辩之以相示也。故曰：辩也者，有不见也。

【释义】

本段再次提到"道"和"言"的问题。"道未始有封"，即"道"是统一的整体，本身没有界限。"言未始有常"则表明，相对于"道"，"言"往往多变而不具有恒定性。"言"的这一特点进一步引向各种区分：一旦对这个世界有所言说，便会出现不同形态的分别，所谓"为是而有畛也"。后面从不同的领域，包括存在本身的形态、人的精神和观念世界，列举了"分"、界限的各种表现形态。诸如左（处下）与右（居上）、社会领域中"伦"（人伦）和"义"（规范）、分（分疏）与辩（论辩）、竞（热衷辩说）与争（争强斗胜），庄子将其称为八种不同的规定（八德）。以上看法的意义之一，在于把言说和"分"联系起来：只要对这个世界或存在形态有所言说，就必然会导致各种形式的区分。这一理解的前提是：由言说而形成的区分不仅仅关乎语言的表达形式，而且体现了人对世界的看法以及人在实践过程中的立场。在庄子那里，对"言"的定位与理解，比较多地侧重于"言"的分析性特点。"言"本身确乎具有分析性的一面，从日常经验看，名称在把握对象的时候，首先将相关对象与其他对象区分开来，当人们用不同的名去指称不同的事物时，这个世界就开始在观念层面被区分。从齐物的立场看，本来统一的世界在用不同的名称分别加以指称和把握后，界限就随之出现。这里，庄子着重对经验层面的言说提出批评：按其理解，以经验的方式去言说，总是导致对世界的划分，由此形成分而不合的存在形态。

可以看到，庄子对"言"的分析性这一层面关注比较多，对其综合性之维则不免有所忽视。事实上，如果较为全面地看待"言"，便可注意到，"言"确有对世界加以区分的一面：当用不同的语言和名词、概念对多样对象分别加以把握时，世界就以不同于混沌的方式呈现在我们面前。但另一方面，"言"也有概括的功能，并相应地具有综合性，事实上，当庄子用"道"这一概念去把握真实而未分化的世界时，便同样运用了"言"，这里的"言"更多地展现了其综合、概括的一面。从总体上考察，庄子在具体讨论言说的过程中，所注意的主要是"言"的分析性功能：对他来说，一有所言，则这个世界就变为分化而有界限的存在，与之相应，庄子往往对"言"持批评的态度，并把思维的综合功能和无言联系在一起，他所说的"心斋"、"坐忘"，都蕴含消解言的要求。对"言"的以上理解，无疑存在片面性。

这一段同时提到了所谓"六合之内"和"六合之外"的问题。六合的直接含义是天地（上下）与四方，在形而上的层面，可以把"六合之外"理解为现实的世界之外的存在形态，或者说，是人的知行领域之外的世界。对这个世界人只能"存而不论"，无法作具体言说：知行领域之外的世界，固然不能否定其存在（有），但要对它作进一步的言说，则唯有在这一世界进入人的知行之域以后才可能。从形而上的角度看，这一立场意味着拒斥对存在的思辨构造：对尚未进入知行领域的"六合之外"的论说，总是以超验的推绎或设定为内容，后者最终将导向"真宰"之类的思辨观念。庄子以"存而不论"的立场对待"六合之外"，与质疑"真宰"

显然前后相承。

与"六合"相关的是"春秋","六合"侧重于空间意义上的存在,"春秋"则关乎时间之维的历史。"春秋"的直接所指为《春秋》这一历史典籍,其中展现的则是社会历史衍化的过程以及体现于其中的政治理念("先王之志")。"春秋经世先王之志,圣人议而不辩"。"议而不辩"涉及对文明历史的展开过程的言说方式。在庄子那里,"六合之内"中的对象世界与《春秋》所载文明历史的展开过程以及体现于其中的政治理念,分别与"论而不议"、"议而不辩"相涉。"论而不议"意谓可以提出某种看法,但不作具体讨论,因为一旦讨论,就会出现意见的分歧,有所"议",即有所"分"。"辩"本来关乎论辩,但由此容易导向论争,"议而不辩"表明虽加以讨论,但不进一步引向论争。"六合之内"与《春秋》中的社会历史进程,都是世界分化之后的存在形态,在庄子看来,对既已分化的存在,合理的方式是避免执着于过度的"议"与"辩"。庄子最后特别强调不能限定于"辩","辩"以争胜为目的,往往会远离存在的本然形态和真实的观念,所谓"辩也者,有不见也"。一般人(众人)与得道之"达者"(圣人)的区别,就在于前者热衷于论辩以显示自己的高明,后者则以不同于"辩"的包容为取向,所谓"众人辩之"、"圣人怀之",便指出了这一点。

【原文】

夫大道不称，大辩不言，大仁不仁，大廉不嗛，大勇不忮。道昭而不道，言辩而不及，仁常而不成，廉清而不信，勇忮而不成。五者园而几向方矣。故知止其所不知，至矣。孰知不言之辩，不道之道？若有能知，此之谓天府。注焉而不满，酌焉而不竭，而不知其所由来，此之谓葆光。

【释义】

"大道不称"中的"称"有指称、称谓之意。真正的"道"是统一的整体，无法用分而别之的名言加以指称。"大辩不言"中的"大辩"区别于通常意义上的"辩"，通常所谓"辩"，往往在言词上争锋，所谓强词夺理、争强斗胜，"大辩"则不屑于争胜于言词，而是侧重于把握存在的本然形态，这种本然形态未始有封，没有分化与界限，从而无需以言说加以分辨。可以看到，"大道不称"和"大辩不言"乃是从不同的层面讨论同一个问题。"大仁不仁"则更多地是就社会领域中的各种现象而言。"仁"有仁爱的意思，包括对家庭成员及社会成员表示关心和关爱等等，这样的关心和关爱总是指向特定的对象。更高层面的仁即"大仁"，则并不基于特定的区分，亦即不是把仁爱的原则仅仅运用于特定的对象，而是对所有的存在都一视同仁。引申而言，真正的廉洁并不以外在谦让的形式呈现，真正的勇敢也非表现为侵犯他人。以上关系从另一方面看也就是：以名言显现于外，则非真正的道；以辩相胜之言，非大道之言；限定于某一方面，非真正的仁；过度求清廉，非可信之廉；侵犯他人，非真正的勇敢。从哲学的层面看，庄子在这里突出了形式与实质、外在现象与真实规定之间的张力。以道与言的关系而言，言作为外在的形式，无法体现道的实质内涵，同样，对仁、廉、勇等的把握，也往往涉及外在现象与真实规定之间的不一致。

后面进一步提到"知"，所谓"知止其所不知，至矣"。此句的直接含义为：人的认识总是有其限度，认识应停留在这一限度之内，不要试图去越过这一限度。从正面看，这样的观点体现了认识的有限性意识。人不是无限的存在，这是庄子一以贯之的观点，在承认个体有限性的前提之下，要求"止其所不知"，蕴含某种反神秘主义的意向，这一观点与前面"六合之外，存而不论"的立场彼此呼应。然而，从更内在的层面看，以上看法的着重之点，在于进一步指出日常经验意识的有限性：在分而知之的前提下，任何认识都有自身的限定，自觉地理解这一点，至关重要。换言之，只要以分化的世界为出发点，认识总是面临自身限度，在这一认识层面，最高的境界就在于自觉止于这一限度，所谓"止其所不知"。与经验领域的这种限定之知相对的是"不言之辩、不道之道"，后者超越了与分辨相关的界限，回归于本然形态的道。以此为指向的"知",具有自然而未分化的品格,庄子用"天府"来概述这一类知的特点。以自然而未分化为形态,"天府"之知同时超越了外在的限定,其形成过程也非基于分而论之的辩说,而是自然而然,所谓"不知其所由来"。这种以道为指向的"知"扬弃了人为的分辨,既深沉而无限定("注焉而不满,酌焉而不竭"),又蕴而不显,所谓"葆光",即就此而言。

　　齐物论的主题是超越分化的世界,达到存在的统一形态。从哲学的层面看,这样的观念无疑不无所见。通常对世界的把握,容易限定于某一方面或某一层面,由此达到的往往是分化的世界图景。庄子不满足于这种"道术为天下裂"的形态,要求回到统一的世界,从一个方面体现了以道观之的视域。不过,由此,庄子也表现出追求混沌的整体、拒绝进行分门别类探索的趋向。逻辑地看,注重"合",贬抑"分",以回归混沌而未分化的整体为目标,认为一旦有所分,便是对真实世界的破坏,这样的看法不仅本身具有抽象性,而且至少从观念的层面上容易限制对世界的经验层面研究。庄子所提出的"技"进于"道",也与之相涉:"技"属经验的层面,"道"则体现了形而上的整体,不限定于"技",诚然体现了对经验视域的扬弃,但如果仅仅强调这一进路,则也可能弱化对世界的经验性、实证性的研究。可以看到,对庄子思想中蕴含的注重"合"、追求统一的进路应该作具体的分析，不宜将其绝对化。

【原文】

故昔者尧问于舜曰："我欲伐宗、脍、胥敖，南面而不释然。其故何也？"舜曰："夫三子者，犹存乎蓬艾之间。若不释然，何哉？昔者十日并出，万物皆照，而况德之进乎日者乎！"

【释义】

这里提到尧和舜之间的对话，话题的直接内容关乎是否要讨伐宗、脍、胥敖这几个国家。讨伐表示兴师问罪，而政治上的兴师问罪是以区分是非为基本前提，在此意义上，其出发点仍涉及是非之辩。尧欲伐三国，但又于心未安，舜虽未直接对是否应该讨伐做出回答，但"存乎蓬艾"与"十日并出，万物皆照"的隐喻则表明，可以让那些不同的国家各自生存："存乎蓬艾"表现为一个自然过程，"十日并出，万物皆照"则意味着不同国家可以如同为十日所普照的万物一样，相互并存。这里隐含着两个方面的观念。其一，不要执着于政治上的是非之辩，这与庄子批评是非之分的立场基本上一致；讨伐以是非之分为前提，既然是非之分无需执着，则此类举动也就失去了依据。其二，庄子借舜之口肯定，根据自然原则，可以让这些国家各自按照自己的政治模式去生存，如同"存于蓬艾"之合乎自然。在庄子看来，十日尚且可以让"万物皆照",为什么德性比日更高的君主（尧）不能让这些国家存在下去呢？这里显然同时隐含着政治上的宽容观念。庄子既在认识论上强调齐是非，又在价值观上注重自然，在这一段中，以上两个方面具体地体现于政治领域。

稍作分析便不难看到，庄子的上述观念内含两重趋向：一方面，从"齐物"的立场出发，要求超越界限和是非之辩，这是对"分"和界限的否定；另一方面，从自然的原则出发，又逻辑地倾向于政治上的宽容，包括对政治多样性的容忍。这两种观念内在地交错在一起，从一个方面体现了庄子思想系统的内在张力。从总体上看，庄子既在本体论上强调齐物，又在价值观上注重自然，齐物要求消除差异，自然则既与本然的存在形态相联系，又意味着事物可以各按自身规定发展，在逻辑上，自然的后一重含义与齐物之间，似乎呈现某种紧张。事实上，在一个具体的思想家那里，思想的复杂性就在于：一些似乎有差异甚至彼此内含张力的观念，往往交错或并列在一起。

【原文】

啮缺问乎王倪曰："子知物之所同是乎？"曰："吾恶乎知之！""子知子之所不知邪？"曰："吾恶乎知之！""然则物无知邪？"曰："吾恶乎知之！虽然，尝试言之。庸讵知吾

所谓知之非不知邪？庸讵知吾所谓不知之非知邪？且吾尝试
问乎女：民湿寝则腰疾偏死，鰌然乎哉？木处则惴栗恂惧，
猨猴然乎哉？三者孰知正处？民食刍豢，麋鹿食荐，蝍蛆甘
带，鸱鸦耆鼠，四者孰知正味？猨猵狙以为雌，麋与鹿交，
鰌与鱼游。毛嫱丽姬，人之所美也；鱼见之深入，鸟见之高飞，
麋鹿见之决骤。四者孰知天下之正色哉？自我观之，仁义之
端，是非之涂，樊然殽乱，吾恶能知其辩！"

【释义】

这里着重讨论知和无知等问题。所论的具体话题关乎
共同标准，所谓"同是"。"同是"可以理解为不同个体普遍
接受的准则。齧缺与王倪是传说中尧时代的贤者，庄子首
先通过这两个人物的对话，对"同是"是否可以把握提出疑
问。由此展开的话题在更广层面涉及一般意义上知和无知
的关系问题。从对话中可以看到，其最后的结论是：对以上
问题都无法确知。这里同时关乎知和无知的界限问题：知
和无知的界限是不是很清楚？人是不是可以明确地知道自
己处于知或无知状态？所谓"知"是不是真有所知？所谓无
知是不是真的毫无所知？对庄子而言，这些问题都无法给
出确定的回答。此处的观点与庄子在前面表达的基本思路
前后相承：在庄子看来，各种界限都有其问题，应当加以破
除，这一立场贯彻于对知和无知关系的讨论，即具体表现为

强调知和无知的界限也难以划定。这样的认识论立场不同于后来一些哲学家，对后者而言，划界是认识过程展开的前提。康德便一再致力于划界，试图由此确定人的认识能够达到与不能达到的界限，庄子正好相反，要求破除这样的界限。按他的理解，一切的界限，包括知和无知的界限，都是人为的，应该加以超越。

庄子在这里表达的认识论观念，以存疑为主导倾向：人既不知道自己是否真的有知，也不知道自己是否真的无知。然而，其中关于知和无知的界限具有相对性的看法，却有其重要的意义。对知和无知的界限如果作绝对或独断的肯定，往往会否定认识的相对性这一面。从认识史看，知和无知的区分确实有不确定的一面：一定时期被认为正确的认识，随着认识的进一步发展，可能会发现其中包含某种错误，唯有克服这种错误，才能推进对相关事物的认识，而这种认识的转换，即以肯定知识界限的相对性为前提。在此意义上，注意到认识界限的相对性，无疑有其积极的一面。当然，仅仅以质疑的态度看待知与无知的关系，也包含走向怀疑论的可能。

后文从何为"正处"（合适的居住空间）、何为"正味"（美味）、何为交往的适当对象、何为"正色"（美貌）等方面，对普遍的判断准则（所谓"同是"）是否可能提出了进一步的质疑。在以上方面，人与人之外的动物，存在着完全不同的感知，对相同的问题（"正处"、"正味"、"正色"等），也存在着截然不同的判断。同样，在仁义、是非等问题上，也意见纷杂，难以做出确切的断定。这里关乎生存环境、审美对象（美的问题）、道德领域（仁义问题）等等，在所有这些方面，似乎都缺乏被共同接受的、具有普遍意义的准则。

从逻辑上看，以上质疑显然需要再思考：人和动物属不同的"类"，不同类的事物无法放在同一个层面加以讨论，庄子把不同的类放在一起，指出其间无共同的准则，这种讨论方式本身在逻辑上似乎忽视了异类不比的原则。然而，在其具体的看法背后仍蕴含着如下重要问题，即：在分化、多元的世界中，普遍准则是否可能存在？从现实的角度看，显然不能仅仅停留在多元、分化的价值原则或判断准则之上：在缺乏普遍准则的背景之下，社会生活的合理运行便会面临问题。这里特别需要留意的是，庄子在本段所列举的诸种现象，实质上乃是分化世界中的现象，对这种分化的世界，庄子的态度不是肯定，而是否定。不能把庄子所批评的现象，视为他所肯定和追求的目标。事实上，以齐物为前提，庄子真正关心的问题在于如何超越这种相对、多元的价值原则，达到具有普遍意义的准则。从主导的趋向看，庄子对以上现象并非无条件地加以赞赏，毋宁说，他更多地以批评性的态度来谈论以上问题。所谓"樊然殽乱"，显然是一种否定性的评价，与之相应，这种情形并未被视为合理的观念形态。由此可以进一步追问：为什么会发生以上现象？从齐物的角度考察，其根源就在于世界的分化：在分化的世界中，很难避免价值原则和判断准则的多元化。逻辑地看，要避免这种各执一端的价值判断，便应当超越分化的存在状态，回到无所区分、破除界限的本然形态，只有在这样的存在背景之下，普遍的准则才是可能的。就其强调"齐"、责难"分"而言，庄子的齐物思想无疑包含着某种绝对主义的趋向，后者与他一再批评是非之辩，也彼此一致。

如前面所提及的，这里真正有意义的问题是：在一个多元、分化的世界中，普遍的准则如何可能？庄子没有从正面给出回答，对以上问题，他的解决途径是把各种界限、区分以有而无之的方式加以消除，由此形成普遍、一致的观念。如后文将进一步提及的，这种解决之道当然有自身的限定，但他提出的问题却有其意义。现代的哲学家依然在不断地讨论相关问题，如哈贝马斯的交往理论，便以主体间的对话作为达到主体间一致的途径，在这种讨论背后仍可以看到对如何达到一致的关切。人们生活在一个多元的世界中，这构成了讨论普遍准则的背景。庄子对这种多样的存在形态持批评的态度，认为分化的世界破坏了真实的存在图景，由此产生各种形式的问题，诸如普遍标准阙如、是非"樊然殽乱"等等，通过批评以上现象，庄子试图从一个方面论证回归原初统一形态的必要性。这一进路以齐物为其出发点，显然未能摆脱思辩的趋向。从价值的领域看，真正意义上的普遍性，植根于社会生活及其历史发展过程之中，而非源于思辩的设定，对此，庄子似乎未能给予必要的关注。

【原文】

齧缺曰："子不知利害，则至人固不知利害乎？"王倪曰："至人神矣！大泽焚而不能热，河汉沍而不能寒，疾雷破山、飘风振海而不能惊。若然者，乘云气，骑日月，而游乎四海之外。死生无变于己，而况利害之端乎！"

【释义】

本段首先谈到利害的问题。在世俗的世界中，利与害一般都为人们所关切。利害也属于前面提到的价值领域的问题，知利知害，都涉及价值判断。"至人"和"真人"、"圣人"在庄子那里常常是互通的，指超越常人的人格之境。在此对话中，庄子首先用比较夸张的形式，描绘了"至人"存在的特征，包括不怕水、火，不惧雷、风，甚而能乘云驾月，并不为生死所动。这种描述一方面带有寓言化的特征，并不一定是对真实人物的刻画，另一方面，从思维方式看，则试图引导人们超越寻常的思维路向而达到某种认识上的洞见。在通常的理解中，对利害和名利等问题的考虑，很难跳出习常的逻辑思维模式。超越常人的思路，往往需要借助不同寻常的存在境遇，在一定意义上，庄子对一些人物所作的神话般的描述，也意在将其置于超常的背景之下，由此引导人以不同于日常习惯的思维路向来思考问题。当然，从实质内容看，这里又包含把"至人"加以超自然化的趋向。《齐物论》通篇将自然原则作为主导性的观念，但在某些具体描述过程中，又似有把自然加以超自然化的一面：这里的"至人"，便已不再是自然意义上的存在，而是带有某种超自然的品格。从中也可以看到，自然和超自然在庄子那里每每纠缠在一起。这一点对以后道家思想的发展，特别是从道家到道教思想的演化，产生了不可忽视的影响：道教中的很多人物都具有超自然的特征。

这里同时提出了"死生无变于己"的问题。生死对个体而言无疑关系重大，按照庄子在这里的描述，"至人"已经超越了生死之变对自己的制约，"无变于己"即体现了对生死的达观态度：虽面临生死变化，依然保持超然之态，不为所动。生死尚且无法让其改变，世间的利害就更难对他产生影响。这里所展现的，是一种不同于常人的精神形态和人格之境。

这段对话讨论的具体主题是如何对待利害的问题，

从讨论的结论看，"至人"已经超越了利害的计较。超越利害的计较可以看作是价值观上的主张，涉及如何对待日常世俗社会中的利害问题。在这段对话中，庄子首先要求达到"至人"的境界，其蕴含的前提是：唯有达到这种境界之后，才可能最后在价值领域中超越利害。也就是说，价值观上的立场与人的整个人格之境联系在一起，人在本体论上的存在形态，构成了其在价值领域中超乎利害的内在根据。至此，可以看到庄子设定"至人"的内在意蕴："至人"作为特定人格，其存在之境构成了其超利害的前提；广而言之，人的存在之境与价值取向之间也存在普遍的关联。

【原文】

瞿鹊子问乎长梧子曰："吾闻诸夫子，圣人不从事于务，不就利，不违害，不喜求，不缘道；无谓有谓，有谓无谓，而游乎尘垢之外。夫子以为孟浪之言，而我以为妙道之行也。吾子以为奚若？"

长梧子曰："是黄帝之所听荧也，而丘也何足以知之！且女亦大早计，见卵而求时夜，见弹而求鸮炙。予尝为女妄言之，女以妄听之。奚旁日月，挟宇宙？为其吻合，置其滑涽，以隶相尊。众人役役，圣人愚芚，参万岁而一成纯。万物尽然，而以是相蕴。"

【释义】

前面谈"至人",这里则议"圣人"。如上所述,从宽泛的层面看,"圣人"和"至人"在庄子那里并没有很严格的区分,都属他所肯定的理想人格。对话者之一瞿鹊子据说从学于长梧子,长梧子则曾封于长梧,故又称长梧封人,《庄子·则阳》即提及"长梧封人问子牢"。当然,两人不一定是实际的历史人物,庄子可能借其名以表达自己的思想。他首先借瞿鹊子所听到的传闻,对"圣人"的特点作了描述。首先是"不从事于务"。从直接的含义看,"不从事于务"似乎是不参加实践活动,但庄子的真正意思与超越利害相联系,即不对世俗的利益孜孜以求,不积极地参与那些与利害相关的世俗事务,而非不参与任何实践活动。后面"不就利,不违害,不喜求",与前面"至人"超越利害的特征具有一致性。从表面上看,后面提到的"不缘道"似乎与庄子一再主张遵循"道"相左,但从前后语境看,"不缘道"所指主要是不以"缘道"作为手段去获取某种世俗利益,而不是说实践活动可以完全不遵循"道"。"无谓有谓,有谓无谓"则是对有言(谓)与无言(无谓)之间界限的超越:人们一般总是执着于说与不说、言与非言的区别,二者似乎界限分明,但在"圣人"那里,说与不说的界限并不像世人那样划得那么清楚,这与庄子注重"齐"的基本主张具有一致性。最后,所谓"游乎尘垢之外",则意味着在总体上超越世俗之见。

　　按庄子所言，关于圣人的以上看法是孔子向瞿鹊子转述的一种观念，孔子本人对这种看法不以为然，但瞿鹊子却"以为妙道之行"，这里蕴含了某种张力。在庄子看来，圣人固然内含不同于世俗的人格，但他本身并不具有可以刻意仿效的确定形态，对前面的描述，甚至黄帝也会感到疑惑，孔子（孔丘）就更无法做出判断，所谓"丘也何足以知之"。以上情形表明，到底"圣人"是否具有上述品格，或者以上品格算不算是"圣人"所应该具有的品格，并不很清楚。一旦以此为"妙道之行"，便难免"大（太）早计"。所谓"太早计"，即意味着反自然：首先确定"圣人"的人格之境，然后刻意地按照这样的模式去行事，以达到这一境界，这样的方式按庄子之见显然悖离自然。事实上，在庄子心目中，真正的"圣人"乃是通过自然的途径而达到，而不是以操之过急、刻意努力的方式去追求。这里，庄子再次表现出对自然形态的肯定与关注。要而言之，这两段的讨论既涉及"圣人"之境应具有何种品格，又关乎如何达到"圣人"之境的途径与方式，庄子一方面并没有否定"圣人"可以具有某种境界，另一方面又着重强调不能以反自然的方式来达到这种境界：走向"圣人"之境的过程应当合乎自然。

　　后面提到"为其吻合"，把"合"的问题突显出来。"旁日月，挟宇宙"意味着与日月、宇宙相合而非相分，所谓"为其吻合"便指出了这一点。"合"相对于"分"和"别"而言，与"齐"属于同一序列的概念，前面描述的"圣人"之境就是与整个日月、宇宙合而为一，从而超越各种区分，包括上下之分、尊卑之别等等。正是在这种合一的世界中，以上分离和差异才不断地被超越。如何达到这一点？庄子在后面对此作了提示。"众人役役，圣人愚芚"，一般的人都忙忙碌碌、孜孜外求，所求无非是世俗的"名"和"利"，这种世俗的取向总体上是追求明白的区分，包括分别自然中的各种对象、社会领域的尊卑上下。"圣人"则与之相对，以"愚芚"为表现形式，其特点在于混而不分。以上看法与《老子》"俗人昭昭，我独昏昏"类似，昭昭即明于辨析，对各种事物分别得很清楚，"昏昏"则不去对世俗的事物包括社会上的各种等级界限加以区分。与《老子》的"昏昏"相近，"愚芚"在庄子那里实际上被视为大智若愚之境，相对于这种智慧之境，"众人"的"役役"则还停留在世俗的理智层面。联系前面所述，可以看到，庄子试图表达的内在观念在于：要达到与宇宙、世界的"吻合"之境，其前提即是超越世俗的"昭昭"、"役役"状态，获得"道"的智慧。后面"参万岁而一成纯"进一步把时间的概念引入进来，"万岁"直接表现为时间上展开的过程，"纯"的本来意思与杂相对，即纯粹而没有任何其他东西相杂，"参万岁而一成纯"，也就是在万年的时间展开过程中，始终保持体现"道"的智慧境界。

从历史观的角度看，这里也意味着肯定与人的存在相关的历史过程中，蕴含着一以贯之的内在之"道"，这一观点在后来的哲学家中同样得到了关注，如王夫之在其哲学论著《俟解》中便提到庄子"参万岁而一成纯"的观念，当然，他同时强调应当通过考察历史的具体过程，包括"天运之变，物理之不齐，升降污隆治乱之数，质文风尚之殊"，以"知其常"（把握历史演进过程中普遍的规定）。庄子在某种意义上也肯定了历史的变迁包含时间中的绵延统一，这种统一性，具体即基于历史衍化过程（"万岁"）中所隐含的前后相承之"道"。在庄子那里，后者同时从时间和过程的角度，体现了存在的"齐"和"合"。

【原文】

　　予恶乎知说生之非惑邪！予恶乎知恶死之非弱丧而不知归者邪！丽之姬，艾封人之子也。晋国之始得之也，涕泣沾襟；及其至于王所，与王同筐床，食刍豢，而后悔其泣也。予恶乎知夫死者不悔其始之蕲生乎！梦饮酒者，旦而哭泣；梦哭泣者，旦而田猎。方其梦也，不知其梦也。梦之中又占其梦焉，觉而后知其梦也。且有大觉而后知此其大梦也，而愚者自以为觉，窃窃然知之。君乎，牧乎，固哉！丘也与女，皆梦也；予谓女梦，亦梦也。是其言也，其名为吊诡。万世之后而一遇大圣，知其解者，是旦暮遇之也！

【释义】

这一段首先提及对待生死的态度。一般人往往悦生而恶死,庄子则对此提出了质疑。他以丽姬之例,表明通常对待生死的态度,并不合乎生死的实际情形。丽姬出嫁晋国之初,悲伤涕泣,但到了晋国宫殿,享受荣华富贵,从而后悔当初不该如此伤心。恶死而求生者,与当初的丽姬可能无异。这里涉及究竟如何对待生死的问题。对庄子而言,死亡并不是一种需要畏惧的归宿,从人的存在这一角度看,死可能比生更好,此所谓"更好",不是在宗教意义上可以达到天国或实现精神的升华。庄子更趋向于从齐物和自然演化这一过程看待生死。在齐物的意义上,生与死的界限本身并非截然分明;从自然的过程看,生死则表现为自然循环的不同环节。庄子在《养生主》中谈到老聃之死时,便指出:"适来,夫子时也;适去,夫子顺也。"即老聃之生与老聃之死,都是一个自然的过程。在《知北游》中,庄子进一步从形而上的层面对此作了论证:"人之生,气之聚也。聚则为生,散则为死。"在此,人的生死即被视为气之自然演化的结果,而"死"的意义,具体即表现在以自然的方式参与自然的过程,就此而言,它与"生"相比,并无任何逊色之处。庄子对待生死的态度,显然基于对生死的上述理解。

由生死之辩,庄子进而讨论现实之境和梦境之间的关系。按照庄子的理解,现实之境和非现实的梦境之间的界限是很难确定的，自以为在现实之中，实际上却可能尚处于梦境，梦与非梦、觉与非觉的区分往往无法确切地断定。庄子以一些具体的事例，包括反差非常强烈的情形，来说明这一问题，如梦中或许处于哭泣的悲惨之境，但早上起来却可能兴致勃勃地前去围猎。梦和非梦、觉和非觉之间差异的相对意义，与庄子"齐物"、破除对待的主旨无疑具有一致性：以"齐物"为视域，不仅事物之间和是非之间的差异可以加以超越，而且梦和现实之间的差异也同样可以加以消解。从以上前提出发，在逻辑上便可能引出如下结论，即现实的人生和梦境并无根本区别，也可以说，人生如梦。进而言之，既然现实人生类似梦境，那么，似乎也不必对人的现实存在过程过于执着和认真。

但是，从另一方面看，庄子又肯定，"且有大觉而后知此其大梦也"，亦即没有完全否定"大觉"。一般人往往自以为"觉"，而实际上却依然在梦中，一旦达到"大觉"的境界，则可以判断现实到底是梦还是非梦，从这一意义上说，梦和非梦又并不完全无法判定。当然，达到"大觉"这一层面是不容易的，这一形态的存在与庄子前面提到的"至人"、"圣人"的境界相联系：从人格之境说，"大觉者"也就是达到智慧境界者，唯有真正获得以道为内容的智慧，才能判断梦、觉之别。后面"万世之后而一遇大圣"中的"大圣"，便与以上人格形态相联系："大圣"即"大觉"，其智慧之境,使之能够判断觉与非觉之分。

　　庄子的以上思想似乎内含双重性,一方面,如果把"齐物"的观点贯彻到底,便可以推论出对梦和觉的界限不要过于执着,因为任何界限都是可以而且应该超越的;另一方面,从"至人"和"圣人"之境出发,梦和觉、真实和虚幻之间又可以做出区分,所谓"有大觉而后知此其大梦"。齐与分之间的这种张力,庄子称之为"吊诡"。"吊诡",现在常常被用以翻译paradox,含有悖论之意。以上情形,确实包含某种内在的张力。当然,进一步看,按照庄子的理解,一般世俗的人对世界的中各种贵贱、喜悲等等的区分,都未超出梦境:从"道"的角度看,他们所执着的仅仅是梦而已,并不是真实的形态。对庄子而言,真实之境离不开以"道"观之,"大觉"所"觉",便是这样一种存在之境。这样,归根到底,在以道观之这一层面,梦和觉之间的区分也可以得到消解。

【原文】

　　既使我与若辩矣,若胜我,我不若胜,若果是也,我果非也邪?我胜若,若不吾胜,我果是也,而果非也邪?其或是也,其或非也邪?其俱是也,其俱非也邪?我与若不能相知也,则人固受其黮暗。吾谁使正之?使同乎若者正之?既与若同矣,恶能正之!使同乎我者正之?既同乎我矣,恶能正之！使异乎我与若者正之？既异乎我与若矣，恶能正之！使同乎我与若者正之？既同乎我与若矣，恶能正之！然则我与若与人，俱不能相知也，而待彼也邪？化声之相待，若其不相待。和之以天倪，因之以曼衍，所以穷年也 [1]。

【释义】

在这一段中，庄子再次回到关于论辩和是非的问题。从认识论的层面看，论辩过程中能不能找到一个共同的判断标准？他假定了几种可能的情况：你我之间辩论，"你"和"我"作为论辩的双方，所持观点都不能作为标准。如果有第三方参与进来，则可能出现几种情形，或者该第三方与"你"的观点一样，如此便与"你"处于同一方，从而，不能成为标准；或者他与"我"的观点一样，既然与"我"一样，也不能成为标准；或者其自身有独立的观点，在此情况下，他的观点不过是"你"和"我"观点之外的第三种观点，亦即构成新的一方，同样也不能成为三方共同的标准；或者与"你"和"我"一致，既然与"你"和"我"都相同，也无法构成具有普遍性的标准。这样，不管处于哪种情形，每种观点都无法成为能够把论辩的各方都统一起来的共同准则。

---

[1] "化声之相待，若其不相待。和之以天倪，因之以曼衍，所以穷年也"，原在下一段"则然之异乎不然也亦无辩"之后、"忘年忘义，振于无竟，故寓诸无竟"之前，但吕惠卿本、宣颖本均将其置于此，蒋锡昌、王叔岷、陈鼓应等亦然之。现据以校改。

从以上分析中，只能得出如下结论，即不存在普遍的标准。可以看到，庄子的以上推论，旨在进一步消解是非之辩：从逻辑上说，一旦有是非之辩，就会有观点的差异，在缺乏共同评判标准的情况下，不同观点之间孰是孰非便无法确认，从而，论辩本身将变得没有意义。由此，庄子引出结论：对于各种不同的言与论（所谓"化声"），都应超越其间的彼此"相待"（对待），超越的具体方式，则在于"和之以天倪，因之以曼衍"。"倪"本有分际之意，但"天倪"则表现为自然之分，对庄子而言，自然之分与自然之齐在"自然"这一层面彼此相通，与之相联系，"曼衍"则表现为自然的变化。总起来，"和之以天倪，因之以曼衍"也就是顺乎自然，超越人为执着的是非之辩。

从理论上看，庄子关于论辩缺乏普遍判断准则的推论，自身包含认识论层面的问题。考察庄子的论证，可以注意到，其整个分析、推论过程的基本特点，在于仅仅限于主体之间的关系：不管是你与我，还是你、我、他，都只涉及讨论的参与者之间的关系，亦即不同主体之间的关系。庄子试图在主体之间找到一个共同的标准，其前提是：是非之辩不超出主体间关系的论域。仅仅在这样的关系和论域之中讨论问题，确实将如庄子所言，很难找到一个各方都能接受的普遍标准。可以注意到，庄子把主体间的关系放在一个非常突出的位置，并以十分尖锐的方式，把主体间关系在认识论中的意义突显出来，这在先秦哲学中是比较独特的，在整个中国哲学史上也有其重要的意义。庄子的内在局限在于仅仅囿于主体间关系的视野考虑问题，亦即把是非之辩完全限定在主体间的关系上，如此考察，必然难以找到普遍的是非判断准则。从广义的角度看，认识论固然应关注主体之间的关系，但同样不能忽视主体和客体之维，主体、客体、主体之间这三重关系是认识过程中无法回避的基本关系。仅仅执着于客体这一端，将导向机械论或直观的反映论；单纯地局限于主体这一面，则可能走向先验论；同样，仅仅停留在主体间的关系上，也会陷于庄子在这里所讨论的情景：消解普遍的判断准则。合理的进路在于主体、客体、主体之间的互动，这种互动最终又应置于实践的层面。庄子在这里所涉及的理论局限，对我们考察、评判现代哲学的某些思考也具有意义。在现代哲学中，哈贝马斯、维特根斯坦、列维纳斯等哲学家，往往比较多地关注主体间或自我和他者之间的关系，视野所及，往往未能进一步超越主体间这一狭隘的论域。仅仅限于这样的领域，确实会面临很多的问题，包括普遍准则何以可能等等。相应地，对庄子的批评，也在某种意义上适用于以上现代哲学家。

从另一角度看，这里重要的也许并不是庄子在解决相关问题上提出了什么样的具体见解，而在于他揭示了问题之所在。庄子的很多洞见往往体现在这一方面：他虽然不一定为相关问题提供令人满意的解决方案，但却常以诗人的直觉揭示出常人不太容易注意到的问题，后者本身同样具有重要的理论意义。

【原文】

何谓和之以天倪？曰：是不是，然不然。是若果是也，则是之异乎不是也亦无辩；然若果然也，则然之异乎不然也亦无辩。忘年忘义，振于无竟，故寓诸无竟。

【释义】

本段和前面一段存在逻辑上的关联。前面侧重于对普遍准则的质疑，并由此引出"和之以天倪"：既然论辩过程缺乏普遍标准，那么可能的选择就是不执着于是非的论辩，以"和之以天倪"的方式来消解是非之辩。这里进一步对"和之以天倪"作了具体的阐释，并以"是不是，然不然"为其实际内涵。所谓"是不是，然不然"，也就是消解"是"与"不是"、"然"与"不然"之间的差异。按庄子的理解，一切论辩都试图明辩"是"与"不是"、"然"与"不然"，在论辩的展开过程中，实际情形往往呈现为：你以为"是"，他以为"不是"，你以为"然"，他以为"不然"；反之亦然。在这一过程中，论辩各方总是各执一端，彼此相互否定。这样的执着与相分常常没完没了、难有尽期。然而，"是"如果为"是"，则无需通过论辩去表明它与"不是"的区别；同样，"然"如果为"然"，也无需借助论辩去表明它与"不然"的差异。换言之，"是"与"然"都是一种自然的状态，不必人为地刻意执着。这种任其自然的态度，也就是"和之以天倪"，其内在的指向在于消解是非之间的截然相分的界限，回到彼此无分的自然形态。

上述视域中的"和之以天倪"与前文的"莫若以明"虽然表述不同，但实际的含义却彼此相近。"莫若以明"是以道观之，这里的"和之以天倪"也蕴含类似的观点，其要求是超越执着于相分的情景，回到是非无别的本来形态。两者都涉及是非论辩的问题，后者同时也构成了"齐物"中的重要问题：如前所述，"齐物"不仅涉及物与物、物与"我"之间的关系，而且关乎是非之辩，"莫若以明"与"和之以天倪"着重是从是非之辩的角度来讨论如何分而齐之、超越差异。对庄子而言，通过"和之以天倪"以消解是非之辩，可以使人在观念和精神的层面避免纷扰，由此忘却生死，从有限之界达到无限之境，所谓"忘年忘义，振于无竟，故寓诸无竟"。

宽泛而言，中国哲学中的"是非"本身包括两个方面，其一关乎真假，其二涉及对错或正当与不正当。真假主要是就认识论上对事物的把握而言，与之相关的问题指向是否真实地把握对象的实际状况；对错或正当与不正当则包含价值观的意义，这一论域中的问题指向一定的言与行是否合乎普遍的价值原则：与价值原则一致，即为对或正当，反之则被视为错或不正当。从以上角度看，是非之辩既有狭义的认识论意义，也有价值观上的意义，对是非之辩的消解，则相应地意味着既无需在认识论上执着于真假之分，也不必在价值观领域中执着于正当与非正当、对与错的区别。庄子以"和之以天倪"为解决是非之辩的途径尽管合乎齐物的前提，但在认识论和价值观上，无疑都包含消极的一面。

【原文】

罔两问景曰："曩子行，今子止；曩子坐，今子起；何其无特操与？"景曰："吾有待而然者邪？吾所待又有待而然者邪？吾待蛇蚹蜩翼邪？恶识所以然！恶识所以不然！"

【释义】

"景"即"影"，"罔两"则是影外之阴影，亦可在一定意义上视为"影"之"影"。"影"通常是随形而动，从而依赖于形。形影相随，形行则影行，形止则影止。罔两由此批评影无特操，亦即无独立性或自主性。"影"的回应是：我所以如此是因为有所待（依凭）吗？我所待者本身是否又有自身所待（依凭）者？我所依凭的东西是否如蛇的蚹鳞和蝉的翅膀？对此，无法做出确定的判断。通过"影"与罔两的对话，庄子似乎表达了如下观念：在有待的条件下，个体总是缺乏自主性，一旦有所待，则意味着有所依赖，其自主性亦随之丧失。在有待的条件下，不仅自我自主的能力不复存在，而且每一"待"的背后还可以追溯它所待的对象，一旦设定"待"，这种序列就会无限延伸：从逻辑的层面看，待者有所待，被待者又有其所待，如此类推，以至无穷，难以达到确定的结论。《齐物论》多次涉及这一类的无穷后退，并由此在逻辑上论证分而齐之的意义。

在本段中，庄子对"影"所提出的问题没有给出确定的回答，最后似乎以存疑的方式悬置了问题。然而，揭示无穷后退，在逻辑上蕴含着对分而齐之的肯定，与此一致，在以上存疑的背后，同时可以看到庄子的内在立场，即超越"待"。"待"意味着的"待"与"所待"的区分，在此意义上包含某种对待。同时，如上所述，"待"又与依存、依赖相联系，有所待即表明缺乏自主性。在《逍遥游》中，庄子已经提到"待"的问题，认为要达到逍遥之境，就需要超越"对待"，包括对外物的依赖，这里又重新回到了"待"的话题。如果说，消除"待"与"所待"的区分体现了"齐物"的旨趣，那么，摆脱依存的要求，则以走向逍遥的自由之境为指向。在这里，"齐物"与"逍遥"呈现了彼此呼应的关系。

【原文】

昔者庄周梦为胡蝶，栩栩然胡蝶也，自喻适志与！不知周也。俄然觉，则蘧蘧然周也。不知周之梦为胡蝶与，胡蝶之梦为周与？周与胡蝶，则必有分矣。此之谓物化。

【释义】

"庄周梦蝶"是著名的寓言，关于这一寓言的含义，各家说法很多。前文已谈到梦与觉的关系问题，在这里，庄子首先上承前文讨论相关问题的思路，肯定梦和觉之间的界限并非截然分明。梦和觉体现了人的不同意识状态，这种差异，关乎人的自我认同：在庄周梦为蝶的梦境中，庄周自认为蝶，不复觉其为庄周，由梦而觉，则又惊愕地意识到自己为庄周。在哲学的层面，这里涉及"我是谁"的问题：梦中之"我"与觉中之"我"，究竟哪一个是真正的"我"？具体而言，在庄周的存在过程中，究竟是庄周梦为蝶，还是蝶梦为庄周？梦中之"蝶"与觉中之"周"，到底谁是主体？

对以上问题，庄子没有作进一步的追问。循沿分而齐之的思路，其关注之点最后转向所谓"物化"。从本体论的角度看，庄周和蝶是两种不同的存在形态，此即所谓"必有分"，但对庄子而言，这两种不同存在形态之间并无凝固不变的鸿沟，而是可以相互转化，"物化"的含义之一，即体现于此。从人把握世界的角度看，庄周梦蝶与蝶梦庄周的交错，同时体现了"分而齐之"的视域，其中包含超越划界、不执着于界限之意。总起来，"物化"包含两重含义，其一，不同存在形态之间可以相互融合、彼此转换，而无固定不变的界限；其二，从人的视域看，应当突破经验世界中各种分而视之的考察方式，形成超越划界的立场，达到物我交融的境界。不难看到，通过"物化"的观念，庄子最终以物我为一涵盖了自我认同的问题。这一进路与《齐物论》一开始所提出的"吾丧我"，存在着理论上的关联。"吾丧我"一方面包含对人化之"我"的消解，另一方面则依然承诺"丧我"之"吾"的存在，后者通过"与天地为一"、"与万物并生"，进一步获得了物我一齐的内涵。在《齐物论》的最后一段中，庄子通过梦觉之辩，以蕴含的方式，重新提出自我及其认同的问题，而其理论归宿，则是以"物化"沟通"我"与"物"。在以上方面，《齐物论》的前后论说，无疑存在实质意义上的关联。

"庄周梦蝶"这一寓言以及它的表述方式都很有诗意，通常比较多地从文学作品这一维度去鉴赏和评价它，但如上所言，在诗意的表达中，同时隐含着庄子的哲学观点，后者以形象的方式，体现了"齐物"的主旨。庄子把这一段文字安排在《齐物论》的结尾之处，显然非随意、偶然，而是有其独特的寓意。从开篇的"丧其耦"（扬弃对待）、"吾丧我"，到最后由"庄周梦蝶"而引出"物化"，其中蕴含的"齐物"（包括齐物我）之旨贯穿始终。

可以注意到，尽管《齐物论》并非以形式推论的方式从逻辑上层层展开其论点，但是，在实质的层面，却包含内在的宗旨或核心观念。这一核心观念如篇题所示，即"齐物"。"齐"与"分"相对，"齐物"意味着超越"分别"。具体地说，首先是在本体论的层面超越物与物之间的"分"，由此扬弃分裂的存在形态，走向统一的世界图景。其次是超越"物"和"我"之"分"，所谓"天地与我并生，万物与我为一"便集中地体现了对"物"和"我"之间界限的消解。第三是超越是非之"分"，在庄子看来，是非之分构成了分而观之的观念根源，从而，需要加以拒斥；从把握对象的方式看，后者同时蕴含着超越划界、破除对待之意。在总体上，以上趋向表现为分而齐之或"齐其不齐"（章太炎：《齐物论释》）。就哲学的层面而言，扬弃"道术为天下裂"的形态、通过以道观之达到存在的统一形态，无疑不无所见，然而，从现实的形态看，世界既呈现关联和统一之维，又内含多样性和差异性，所谓"物之不齐，物之情也"①。以否定和拒斥的立场对待"分"与"别"，在逻辑上很难避免对存在的抽象理解，与之相涉的分而齐之，也容易疏离于真

---

① 《孟子·滕文公上》。

实、具体的存在而引向思辨意义上的形而上学。在庄子的齐物之论中，以道观之与抽象齐之两重取向交错而并存，呈现了多方面的理论意蕴。

养生主

本篇以广义的"养生"为主题①。养生的前提是肯定个体的生命存在，但其内在意蕴，又不限于个体的"存生"，这一思维趋向与庄子注重个体之"在"具有一致性。相对于逍遥游之关注个体如何达到自由之境、齐物论从形而上的角度考察如何理解世界，养生主更多地涉及个体如何在世的问题。

【原文】

吾生也有涯，而知也无涯。以有涯随无涯，殆已！已而为知者，殆而已矣！为善无近名，为恶无近刑；缘督以为经，可以保身，可以全生，可以养亲，可以尽年。

---

① 钟泰:"'养生主'者，以养生为主也。"（钟泰:《庄子发微》，上海古籍出版社，2002年，第64页）

【释义】

这里首先把个体的生命和"知"的发展作了比较。从个体的生命来看，其存在总是经历从开始到终结的过程，从而是有限的。此处讨论的不是一般意义上存在的有限性问题，而是个体生命的有限性："吾生"所涉及的是自我或个体的生命存在。突出个体的有限性，是庄子思想的特点之一，一些论者由此将其与存在主义作比较。确实，在注重人的个体之维这一方面，两者有相通之处。当然，上文的关注之点主要指向个体的有限性与无限之"知"的关系问题，"知"和"吾"之分，便表明了这一点：吾生有涯，知无涯。这里的"知"主要指向外部世界，并呈现无限性；"吾"则被理解为有限的生命个体。按庄子之见，一味地追求无尽的外部知识，意味着以有限追随无限，从而陷于困顿之境。这一看法蕴含如下观念：合理的选择在于从追求外部世界的知识回归自我本身。

以上观点涉及作为个体的认识主体（吾）和知识之间的关系问题。个体的生命迟早会走向终点，其所知也总是有限的，但关于外部世界的知识至少从逻辑上说是无止境。关于个体的有限性和知识的无限性之间的关系问题，历史上的哲学家已作了不同的讨论，恩格斯便曾指出："人的思维是至上的，同样又是不至上的，它的认识能力是无限的，同样又是有限的。按它的本性、使命、可能和历史的终极目的来说，是至上的和无限的；按它的个别实现情况和每次的现实来说，又是不至上的和有限的。"①这里的"思维"与"知"相关，"至上性"则涉及无限性。所谓思维的至上性，主要体现于人类认识的历史展开过程，与此相对的"非至上性"作为认识的"个别实现情况和每次的现实"，则关乎个体的认识活动。从类的角度看，认识（思维）展开为一个无限延续的过程；但就个体而言，认识又呈现为有限的活动。现实的人类认识或人类思维，便表现为一个至上性与非至上性的统一。庄子所说的"知也无涯"在一定意义上有见于认识的无限性这一面，而"吾生有涯"所蕴含的认识的有限性，则主要着眼于个体之维。从总体上看，庄子似乎未能注意到人类认识过程以至上性与非至上性的统一为其具体内容，他所突出的，更多地是两者的内在张力。

与个体存在相关的是"善"与"恶"、"名"与"刑"的关系问题。"为善无近名"中的"名"，可以理解为声誉或名声，它乃是个体在一定社会环境中获得的外在赞誉，其获得又关乎道德行为或"为善"：一个人之得到社会的肯定和赞许，主要便基于他自身的行为合乎社会普遍规范或合乎一定的价值系统。"刑"更多地与法律系统相联系，所谓"近刑"，意味着触犯法律。这里涉及道德的境界和法律的规

---

① 恩格斯：《反杜林论》，《马克思恩格斯文集》第九卷，人民出版社，2009年，第92页。

范之间的关系，对庄子而言，个体的合理存在方式是既不要过分地追求道德上的声誉，也不要触犯法律的规范，在法律和道德之间保持某种"中道"。后面"缘督以为经"中的"督"有中正、合道之意①，"缘督以为经"可以理解为顺乎正"道"，其中所确认的，也是在道德与法律之间保持中正之道，而"为善无近名，为恶无近刑"，则更具体地肯定了这一点。以上取向最后引向的，是对个体生命存在的多方面肯定，"可以保身，可以全生，可以养亲，可以尽年"，即可视为对此的具体阐释。《逍遥游》主要突出了个体在观念层面的理想，所追求的是一种精神上的自由境界，本篇的关注之点更多地指向了个体的生命存在。这样，在庄子那里，个体不仅仅呈现为精神层面的存在，而且也体现为具体的生命形态，精神的逍遥和生命的健全展示了人生的不同方面。

进一步看，"吾生也有涯，而知也无涯"与如何保持生命的健全形态这一目标相联系。"有涯"意味着无法超越个体的有限性规定，个体本身有限性的规定决定了其行为方式也有一定的限度，不能试图去超越这一限度。从生命存在的维系这一角度来看，超越这种限度，本身也是有害的。"近名"可以看作是肯定意义上（为善）的过度，"近

---

① 《尔雅·释诂》："董、督，正也。"

刑"则是否定意义上（为恶）的越界，二者所导致的，都是消极的后果。以上方面不仅仅涉及认知的问题，而且关乎个体如何存在，其总体要求是顺乎自我之自然，而不试图超越这种自然的规定。

可以看到，庄子在本篇一开始便通过肯定"吾生有涯"，将作为个体的自我及其有限性问题提了出来。"吾生"之"有涯"具体表现为自然的界限，这种限度并非社会所赋予：从生命的存在法则看，个体的存在总是有限的。然而，后面的"为善无近名，为恶无近刑"则关乎社会的层面："善"与"恶"、"名"与"刑"，都是具有社会意义的存在规定。人并不仅仅是自然意义上的有限生命个体，而且同时也是社会意义上的存在，作为社会存在，人应该如何合理地"在"世？庄子以"为善无近名，为恶无近刑"为原则，要求在道德和法律规范之间保持适当的张力，所谓"缘督以为经"。这种取向同时从一个方面构成了其社会领域中的人生观念。

综合而言，庄子的哲学系统似乎存在某种张力。《齐物论》所肯定的"齐"、"通"、"合"等等，蕴含着对统一性的追求，后者内在地要求消除界限和差异，包括个体之间的差异。但另一方面，从"逍遥"的追求到"养生"的关注，其中所涉及的都是个体。事实上，相对于儒家对群体原则的关注，道家更多地注重个体的原则，后者也构成了庄子哲学的重要方面。尽管"逍遥""养生"内含精神与生命的不同侧重，但二者都表现为对个体性的强调。在"齐物"之突出"齐"、"通"与"逍遥""养生"对个体性的强调之间，确实可以看到某种内在的紧张。

【原文】

庖丁为文惠君解牛，手之所触，肩之所倚，足之所履，膝之所踦，砉然响然，奏刀騞然，莫不中音，合于桑林之舞，乃中经首之会。

文惠君曰："嘻，善哉！技盖至此乎？"

庖丁释刀对曰："臣之所好者道也，进乎技矣。始臣之解牛之时，所见无非全牛者。三年之后，未尝见全牛也。方今之时，臣以神遇而不以目视，官知止而神欲行。依乎天理，批大郤，导大窾，因其固然。技经肯綮之未尝，而况大軱乎！良庖岁更刀，割也；族庖月更刀，折也。今臣之刀十九年矣，所解数千牛矣，而刀刃若新发于硎。彼节者有间，而刀刃者无厚，以无厚入有间，恢恢乎其于游刃必有余地矣，是以十九年而刀刃若新发于硎。虽然，每至于族，吾见其难为，怵然为戒，视为止，行为迟，动刀甚微，謋然已解，如土委地。提刀而立，为之四顾，为之踌躇满志，善刀而藏之。"

文惠君曰："善哉！吾闻庖丁之言，得养生焉。"

【释义】

　　"庖丁解牛"是《庄子》内篇中十分著名的寓言。从哲学层面来看,其中包含着不少值得我们关注的看法。解牛首先是个劳动过程,表现为人与对象之间的相互作用,这里所说"手之所触,肩之所倚,足之所履,膝之所踦",便是通过手、肩、足、膝等身体的力量作用于对象,以此获得某种具体的劳动成效。这种劳动过程同时具有的审美意义,庄子所描述的"合于桑林之舞,乃中经首之会",便蕴含审美的意味。

　　这里有一重要的观念,即"技进于道":庖丁不满足于"技"而要求由"技""进于道"。"技"主要涉及技术层面或经验领域的手段,"道"则关乎普遍的法则。劳动过程作为经验层面的实践活动,无疑与"技"相关,从经验活动的角度看,"技进于道"可以理解为技术的运用应当合乎普遍之"道";从价值观的层面看,"技进于道"意味着"技"应当受到普遍之"道"的引导和制约,其运用应指向合理的价值追求;从形而上的层面看,"技进于道"要求对人与世界作终极的追问,而非仅仅限定于感性经验的层面;从思维方式上看,"技进于道"以区分"以技观之"与"以道观之"为前提,其中包含从"以技观之"走向"以道观之"的取向。

　　以上观念在中国哲学中有着深远的影响。"技进于道"不限定于对经验现象的描述性把握,而以达到普遍之道为指向,无疑有其可以肯定的方面。但另一方面,从科学研究的角度来看，"技进于道"往往容易在追求普遍之"道"的同时，忽视实证层面的具体的考察。在中国思想史的演化中，思想家们在面对经验世界的问题时，往往侧重于从形而上的层面加以解释，而对其中的内在经验机制和具体环节，则不作深入和具体的考察。例如，地震是如何产生的？其因常被归于"阳伏而不能出，阴迫而不能蒸"。磁石何以能吸铁？回答则是"皆阴阳相感，隔碍相通之理"。在此，科学的考察往往从属于形而上的层面，这一思维趋向与"技进于道"的观念似乎不无关联，它展现了后者的另一面。

从"庖丁解牛"的具体陈述中，可以进一步注意到其中的若干方面。解牛需要在知识的层面上对牛的结构特征加以把握，庖丁对牛的生理构造十分熟悉，其中蕴含着知识层面的理解，与之相应，庄子并没有完全否定知识层面把握对象的必要性。尽管在讨论是非之辩等问题时，庄子对一般所追求的"大知""小知"持批评的态度，但在"庖丁解牛"中，他对实践活动过程中的经验知识并不否定，庖丁所了解的牛的解剖学意义上的构造，便属于经验层面的知识。当然，除了经验的技术性理解之外，直觉也被提到了非常重要的位置，庖丁所说的"以神遇而不以目视"的"神遇"作为一种不同于感性（目视）的方式，便具有直觉的意味，其特点在于从整体上把握对象。对牛的结构的理解，无法仅仅地停留在一个一个的部分之上，通过"神遇"，可以形成对牛的总体了解。不难注意到，在经验层面的分析性理解之外，通过"神遇"（直觉）的方式从总体上来把握牛，这也是庖丁解牛过程中的特点之一。解牛的整个过程始终是"依乎天理，因其固然"，也就是遵循对象本身的自然法则。换言之，庖丁并不是仅仅凭借自己的熟练而完全不理会对象本身的内在之"理"，相反，其熟练的解牛过程乃是以对象之"理"为依据。

在解牛的过程中，庖丁运刀自如，游刃有余，出神入化，已达到某种自由之境。走向这种自由之境当然并不完全依靠主观意愿，而是以遵循自然的固有法则（"依乎天理，因其固然"）为其前提，也就是说，自由之境并不完全疏离于自然法则。进一步看，自由境界既涉及具体的存在境遇，又与自我的感受相关：在庖丁解牛的过程中，庖丁不仅通过高超的操作而使解牛过程达到令人叹为观止的形态，而且自身也形成自由之感。宽泛而言，自由既涉及实际的自由境遇，也包含着主体的自由感；缺乏自由境域，往往只具有个体精神上的抽象观念或精神上的逍遥；没有个体所具有的自由感，自由之境便容易游离于主体意识。事实上，庄子所描述的"提刀而立，为之四顾，为之踌躇满志"，便基于庖丁内在的自由感。

与本篇的主题相联系，"庖丁解牛"最后落实于养生之上。根据庄子的记述，文惠君在观看庖丁解牛并与庖丁对话之后，形成如下感慨："善哉！吾闻庖丁之言，得养生焉。"
结合"庖丁解牛"的整个叙述，可以注意到，养生的关键在
于合乎自然："庖丁解牛"的过程能够达到自由之境，主要就
在于其行为合乎自然；"技进于道"中的"道"，也就是普遍
的自然法则；"依乎天理"、"因其固然"，所阐述和强调的基
本之点，亦为合乎自然法则。对庄子而言，养生的过程是一个
"因"乎自然的过程；就总体而言，在天人关系上，庄子所注
重的主要是合乎自然，而不是克服或变革自然；养生问题上
的以上观念，可以视为这一取向的体现。

　　就思想史的演化而言，孟子已先于庄子而提到"养生"
之语："王如知此，则无望民之多于邻国也。不违农时，谷
不可胜食也。数罟不入洿池，鱼鳖不可胜食也。斧斤以时入
山林，材木不可胜用也。谷与鱼鳖，不可胜食，材木不可
胜用。是使民养生丧死无憾也。养生丧死无憾，王道之始
也。"[1]这里的"养生"，其含义主要指维持生命存在。后
来荀子所言，与之相近："以从俗为善，以货财为宝，以养生
为己至道，是民德也。"[2]此所谓"养生"同样以维护生命
存在为其内涵。庄子则对"养生"与"养形"作了区分，在他
看来，一般视域中的养生，往往与导引之术相联系，属"养
形"："吹呴呼吸，吐故纳新，熊经鸟申，为寿而已。此道引

---

① 　《孟子·梁惠王上》。
② 　《荀子·儒效》。

之士，养形之人，彭祖寿考者之所好也。"①后来《淮南子》大致延续了这一看法："若吹呴呼吸，吐故内新，熊经鸟伸，凫浴蝯躩，鸱视虎顾，是养形之人也。"②对庄子而言，上述意义上的"养形"，仅仅以"存生"为指向："世之人以为养形足以存生。"③此所谓"存生"，也就是维系生命的延续，通过"养形"以"存生"，主要以此为目标。比较而言，与庖丁之言相关的"养生"，则并不限于养形和存生，其中内含多重的意蕴，包括自我精神的提升。事实上，《养生主》所谈养生，所涉乃是人"在"世过程中面临的不同问题。

从更为宽泛的层面看，"技"与"道"之辩，关乎现代哲学所讨论的"知识"与"智慧"之间的关系。事实上，在庄子那里，"技"主要与经验世界的知识相联系，"道"则近于形上的智慧。具体而言，与解牛活动相关的"道"，主要涉及如何做的实践智慧。在此意义上，"技进于道"意味着由经验性的知识提升为实践智慧。

【原文】

公文轩见右师而惊曰："是何人也？恶乎介也？天与？其人与？"曰："天也，非人也。天之生是使独也，人之貌有

---

① 《庄子·刻意》。
② 《淮南子·精神训》。
③ 《庄子·达生》。

与也。以是知其天也，非人也。”

【释义】

公文轩，宋人；右师，官名。“介”当为“兀”，意为失去一足。通常是把这样的断足现象看作是刑罚的结果，庄子在此将其与天人之辩联系起来，提出了发生这种现象的缘由是自然（天）还是人为（人）的问题。作为社会现象，断足本是人为的结果，然而在“天也，非人也”的结论中，表现为社会现象的断足却被归入自然（“天”）之域。尽管从社会现象来看，被处断足之刑是在社会中发生的事情，但出现这样的现象，又不是人自身所能完全控制的，所谓“天也”，便蕴含着这一涵义。就其非人自身能够控制而言，这里所说的“天”同时具有某种“命”之意。事实上，在后面的《人间世》中，庄子便提出：“知其不可奈何而安之若命，德之至也。”上述意义上的“天”与“命”无疑有相通之处。“命”既关乎偶然，也涉及必然，与“命”相关的“天”，也相应地带有以上意味。在超乎人的作用这一点上，“天”与“命”确乎有相通之处。在庄子看来，如同人之形体源于“天”，人在社会上的各种遭遇，包括被断一足，也是自然而然的。要而言之，世间所有现象，均基于“天”（自然）而非“人”（人为）。人的作用都是有意而为之，后者与“天”（自然）相对，应当加以否定。这种看法所强化的，乃是自然的原则。

【原文】

泽雉十步一啄，百步一饮，不蕲畜乎樊中。神虽王，不善也。

【释义】

这里借飞禽以喻人。泽中之禽，生活在自然环境，无拘无束，自由自在。对这种飞禽来说，这样的存在环境就是其理想的自由之境。与之相对，笼内的生活则是不同于自然的人化存在方式，居于其中，固然看似精神旺盛，但却失去了天性，也失去了自由。这种存在之境对飞禽而言，具有否定的意义（不善），因此，无法成为其追求的目标，所谓"不蕲畜乎樊中"，便表明了这一点。在这里，庄子以叙事的方式讨论自由和自然之间的关系，通过对泽中飞禽存在形态的描述，肯定自然之境即自由之境，而失去天性则意味着失去了自由。

【原文】

老聃死，秦失吊之，三号而出。弟子曰："非夫子之友邪？"曰："然。""然则吊焉若此可乎？"曰："然。始也吾以为其人也，而今非也。向吾入而吊焉，有老者哭之，如哭其子；少者哭之，如哭其母。彼其所以会之，必有不蕲言而言、不蕲哭而哭者。是遁天倍情，忘其所受，古者谓之遁天之刑。

适来，夫子时也；适去，夫子顺也。安时而处顺，哀乐不能入也，古者谓是帝之县解。"

【释义】

本段关乎生和死的问题。庄子在此将生和死都看作自然的现象，这种自然的现象在这里同时又与偶然性联系在一起：所谓"适来""适去"也就是偶然而来，偶然而去。对庄子而言，生和死在既自然、又偶然这一点上，没有什么根本的区别。对生命（包括人的生命）的发生从偶然的角度去理解，有其根据，因为个体生命的形成既未经个体自身的选择，也非类的演进过程中不可或缺的必然一环，在此意义上，"生"确实带有偶然性。比较而言，"死"则有所不同：每一个有生命的个体最终都会走向死亡，就此而言，"死"并不是一种偶然的现象，而是具有必然性。从以上方面看，"生"和"死"之间包含某种不对称性：生命的发生是偶然的，但死的归宿却是必然的。当然，个体具体什么时候死，以什么样的方式死，其中也有偶然性，但它最终将走向死亡，这一点则是必然而不可抗拒的。庄子在这里把"生"和"死"都理解为"适"，似乎对两者的以上差异没有作必要分辨；在强调生死现象的自然性质的同时，庄子又主要将自然和偶然沟通起来，并相应地把"生"和"死"都归入偶然之域。与之相关的是"时"的问题。"时"可以广义地看作一种条件性，涉及不同事物相互作用的时间条件。按庄子的理解，生与死都是与各种条件相合而发生的，时间条件的相互凑合，赋予"生"和"死"以偶然性。

这里同时讨论了"死"与哀乐之情的问题。在庄子看来，通过"哭"而表达的哀乐这一类情感都是人为的现象，不合于自然。按照自然的原则，并不存在哀和乐这样的情感分别，人死了以后，也不需要以哀乐之情去面对。对哀乐之情的超越，以"安时而处顺"为前提，所谓"安时而处顺"，也就是尊重偶然条件所形成的各种具体境遇，一切顺其自然。如果以此来对待人生的众多现象，包括死亡，那么，哀乐之情便可淡出人的精神世界。作为本段结语的所谓"帝之县解"，其直接的语义是悬空而解，在实质的层面则犹言超越约束走向解脱。

以上看法固然体现了某种自然的观点，但以此来理解"死"，似乎对死亡所突显的人生意义没有给予充分的注意。事实上，如海德格尔已注意到的，死亡使个体存在的一次性、不可重复性、不可替代性成为无法回避的问题，并将生命的意义严峻地突显出来：既然死不可避免，那么，生命的意义究竟何在？然而，当死亡仅仅被视为自然现象时，以上问题便或多或少被消解了。认识到死是自然的现象，无疑属理智的认识：在理性的层面，我们可以把死看作自然现象，如同气聚而成、气散而毁，死也是自然循环的结果。

但问题在于，理智上的认识和情感上的接受并不完全是一回事。事实上，即使我们在理智上认识到死是自然的归宿，承认死是不可抗拒的，但对死的恐惧并不会因此而完全消解。庄子认为一旦认识到死的自然性质，那么哀乐之情就完全可以消解，显然对两者关系的复杂性没有给予充分的注意。

在如何理解与面对死的问题上，儒家和道家存在明显的分别。孔子在《论语》中也多次谈到"死"的问题，包括"朝闻道，夕死可矣"[1]。这也是对死的一种达观的态度。不过，尽管儒家和道家对死都持超脱的态度，但两者的前提却并不相同。道家通过把死理解为一种自然现象以消解对死的恐惧，儒家则更多地注意到死的价值意义，并侧重于通过把个体融入类的生命和文化的历史长河中以消解对死的恐惧。如所周知，死主要与个体相联系，对类来说，死似乎没有实质的意义，从类的角度看，人类从以往到未来的类的延续是一个无限的过程。马克思曾指出，"死似乎是类对特定的个体的冷酷无情的胜利"[2]，这一看法的前提是，相对于有限的个体的人来说，类几乎具有无限性。当然，在科学的意义上，人类赖以生存的太阳系和地球终有毁灭之日，与之相关，人类自身也总有一天会走向灭绝，但对一个

---

[1] 《论语·里仁》。
[2] 马克思：《1844年经济学哲学手稿》，人民出版社，1985年，第80页。

个体来说，这是非常遥远的。相对于类，个体存在更多地呈现了其有限性的一面，后者使死亡成为个体无法回避的问题。与此相联系，消解和超越对死亡的恐惧首先与如何克服个体存在的有限性联系在一起。儒家解决这个问题的进路更多地表现为将个体和类融合为一，对儒家而言，当个体和类合而为一之时，个体生命便融入类的历史长河中，个体自身的有限性也可以由此得到超越。儒家之注重"孝"，与之具有相关性："孝"既有文化伦理的意义，也与前代和后代之间的生命延续相涉，"孝"的背后，蕴含着对前代和后代之间生命延续的肯定。进一步看，个体和类的融合也具有文化的意义，后者体现于通过自身的价值创造活动以及由此形成的文化成果，个体可以逐渐融合于类的文化演进过程之中。这样，当个体生命走向终结的时候，他所创造的文化成果并不会随之而消失，而是将融入类的文化历史创造过程，并由此得到延续。在这一意义上，个体生命的终结并不意味着生命意义的终结。不难注意到，同样是对死亡的达观的态度，儒家与道家立论的出发点颇为不同。

【原文】

指穷于为薪，火传也，不知其尽也。

【释义】

从前后的逻辑联系看，这一陈述紧接着前面的对话。薪（木柴）有燃尽之时，以薪为"所指"的对象，则薪之燃尽也意味着"所指"的终结（"指穷于为薪"）。然而，火则不限于"所指"之薪，而是会永远地延续下去。这里，可以把火看作类的一种隐喻，特定的薪固然不会永远燃烧，但火却可以在不同的薪之间不断延续。从逻辑上看，薪既可指某一类存在，也可指该类存在中的个体，就后一意义而言，问题同时涉及个体和类的关系。个体总有消亡之时，而类则将恒久延续，这一隐喻性的论说是接着前面关于死的主题而言的。前面提到，死首先是对个体而言的，在这里，庄子也注意到了这一现象，并由此进一步突出了死和个体之间的关系。不过，与儒家试图通过与类合一以克服个体存在的有限性不同，庄子主要由强调类与个体之间的张力，展现个体生命的有限性。当然，从另一方面看，如果将"火"视为自然这一大生命的隐喻，则这里同时突出了自然生命的延续的无限性。事实上，相对于儒家强调个体由参与类的文化创造而融入类的文化历史长河，庄子的侧重之点始终在于生命的自然延续。

可以看到，本篇的主题是养生，从如何养生说起，最后谈到生与死。事实上，养生最后总是与生死的问题无法相分，从这一意义上说，由讨论养生而阐发对死以及生命延续的理解，有其内在的逻辑关联。就更深层的角度而言，养生不仅仅涉及生命存在，而且关乎由"技"进"道"，后者既意味着走向智慧之境，也以合于自然法则为指向。

人间世

本篇以人间之世或人世间为关注的主题①。人总是内在于人世之中，人世间有治乱等分别，人与人之间的共在则涉及不同境域，其间包含多方面的关系，存在于人世间的过程，需要合理地应对与之相关的问题。

【原文】

颜回见仲尼，请行。曰："奚之？"曰："将之卫。"曰："奚为焉？"曰："回闻卫君，其年壮，其行独；轻用其国，而不见其过；轻用民死，死者以国量乎泽若蕉，民其无如矣。回尝闻之夫子曰：'治国去之，乱国就之，医门多疾。'愿以

---

① 钟泰："'人间世'者，'人间'，人世也。"（钟泰：《庄子发微》，上海古籍出版社，2002年，第74页）

所闻思其则，庶几其国有瘳乎！"

【释义】

本段虚构了孔子与颜回的对话，并借颜回之口对卫国君主在政治实践过程中的一些错误与过失进行了批评。所谓"行独"，也就是独断专行。"轻用其国"，则是随意地耗费国力。可以看到，对这种治国方式的批评尽管以颜回之口说出，但也包含了庄子自身的见解与观点，其中体现了社会批判的态度与立场。当然，这里所引述的，未必都是历史上的孔子实际所说之语，如"治国去之，乱国就之，医门多疾"，在《论语》中便未能看到这样的论点，相反，孔子倒是有"危邦不入，乱邦不居。天下有道则见，无道则隐"之说①，其中内含的主张是：治世可以出来为国效力，乱世则应当归隐，这与庄子笔下的孔子之见，显然有所不同。进而言之，按以上颜回的看法，卫国虽然问题甚多，但仍有解决的可能。后面提到的"愿以所闻思其则"，即希望根据自己所了解的孔子思想，以寻找救治卫国之策。

【原文】

仲尼曰："嘻！若殆往而刑耳！夫道不欲杂，杂则多，

---

① 《论语·泰伯》。

多则扰，扰则忧，忧而不救。古之至人，先存诸己而后存诸人。所存于己者未定，何暇至于暴人之所行！

【释义】

孔子对颜回的以上意图似乎不以为然。按孔子之见，试图救卫国于水火之中，可能徒然遭受刑戮。随后，庄子又借孔子之口，从不同的方面作了借题发挥，其中很多内容并非与卫国和卫君直接相关。首先是"道"和"杂"之间的关系问题，所谓"道不欲杂"，即涉及此。"杂"涉及多样、多元的规定性，"道不欲杂"则把"道"与多样、多元区分开来，强调"道"不能从这些角度去理解。这一看法和前面《齐物论》中提到的"齐"和"通"之说前后相一致，侧重于存在的统一性。以"道"否定"杂"，蕴含着对多样性原则或多元价值取向的疏离。在庄子看来，一旦趋向于多元或多样，便意味着与"道"相分，坚持"道"的原则，就不能主张"杂"。从正面看，这里强调的是统一性，在《天下》篇关于"道术将为天下裂"的论说中，也可以看到对道所内含之统一性的肯定：道本是统一的真理，百家的学说则是"道"分裂的结果，应当加以拒斥。与之相应，庄子对不同意见之间的分辨以及是非之争也持否定的态度，这既表现了"齐是非"的立场，也蕴含了"道不欲杂"的观念。

这里还提到所谓"先存诸己而后存诸人"，其含义近于儒家所说的"有诸己而后求诸人"①,当然,儒家主要着眼于德性修养,强调的是唯有自己充实并完善了,才能要求别人也这样做。比较而言,庄子所说的"先存诸己而后存诸人"更多地基于立身处世这一角度,其意在于强调只有自己立得住,才能照应他人。对庄子而言,自己尚且没有稳住,如何处置他人的不当之行?这里涉及政治领域中的复杂关系。此种领域风险甚大,需要慎言慎行,稍有疏忽,就可能陷于危难之境。在此,庄子借孔子之口,阐述了他对政治领域及其活动的理解。

从内在关联来看,"道不欲杂"与后面的"先存诸己而后存诸人"彼此呼应。对政治领域中具体的个体而言,"道不欲杂"要求其政治主张应前后一贯,不能游移不定;"先存诸己"则以自己先行挺立为指向,它意味着政治上的成熟、稳定。普遍层面上的"道不欲杂"("道"超越多元或多样)体现于个体,便表现为其政治主张和见解应当具有稳定性和一致性。尽管庄子没有具体讨论政治领域"道不欲杂"和"先存诸己"的具体涵义,但联系其前后所论,"道"的内涵与自我的存在,都无法离开自然原则。

① 《大学》。

【原文】

　　"且若亦知夫德之所荡而知之所为出乎哉？德荡乎名，知出乎争。名也者，相轧也；知也者，争之器也。二者凶器，非所以尽行也。

【释义】

　　本段涉及"德"与"知"、"德"与"名"之间的关系。尽管儒道对"德"的具体内涵有不同理解，但在注重"德"这一点上，两者又存在相通之处。庄子借孔子之口，表达了对"德"与"名"、"德"与"知"的看法，在庄子笔下的孔子视域中，两者之间似乎呈现相互对立、相互排斥的关系，与之相应，如果肯定"德"，便需要对"名"和"知"加以拒斥。按照庄子的理解，"名"往往使德性华而不实，而"知"则会导致人与人之间的纷争，两者都是对"德"的破坏。这一观点与儒家对"德"的看法显然存在差异。作为儒家的奠基者，孔子的真实取向是注重仁与智的统一，后者包含德与知的交融。然而，在庄子看来，仁（德）和智不具有一致性，庄子与历史中真实的孔子在以上方面显然并不一致。对庄子而言，在交往过程中，注重"名"和"知"往往导致人与人之间的相互分离。确实，名言和知识在交往过程中的作用可能呈现两重性，一方面，名言是人和人交往的必不可少的工具，它们构成了交往的中介，但另一方面，名言也可能成为沟通的障碍：对一些概念、主张、理论的误解或不同理解往往引发意见的分歧、观点的冲突，并进而导致人与人之间的对峙。就后者而言，庄子多少有见于人与人交往过程中名言、知识可能具有的消极作用。不过，庄子似乎将这一方面过于绝对化，由此认为名言与知识对人的交往仅仅呈现否定的意义。在庄子的哲学系统中，对名言的这种批评与《齐物论》中对是非之辩的消解具有相关性。

【原文】

　　"且德厚信矼，未达人气；名闻不争，未达人心。而强以仁义绳墨之言术暴人之前者，是以人恶有其美也，命之曰菑人。菑人者，人必反菑之，若殆为人菑夫？且苟为悦贤而恶不肖，恶用而求有以异？若唯无诏，王公必将乘人而斗其捷。而目将荧之，而色将平之，口将营之，容将形之，心且成之。是以火救火，以水救水，名之曰益多。顺始无穷，若殆以不信厚言，必死于暴人之前矣！

【释义】

　　"名"和"知"可能导致的人与人之间的分离，使如何建立人与人之间的合理关系成为需要正视的问题，庄子从不同方面对此作了探讨。在他看来，即使达到德性醇厚，诚信确然（"矼"即确然），也未必能与人同气相求；虽然"名闻不争"，亦即与世无争，但由此而闻名，也不一定为他人所理解。所谓"达人气"、"达人心"，涉及的是人与人之间的相互沟通问题。前段提到了"名"和"知"会导致人与人的分离，"达人气"、"达人心"则是从正面谈人与人之间的沟通，而即便德性醇厚、与世无争，也未必能够达到以上目标，这一事实无疑突出了人与人之间沟通的困难性。所谓"强以仁义绳墨之言术暴人之前"，也就是勉强地用仁义对人加以说教，其结果则往往是让他人反感，被视为有害之人，并为他人所害。另一方面，如果卫君本身已确有近君子而远小人之意，则再去说教便完全是多余的。一旦强为之说，则卫君常常会抓住其把柄，寻找言说中的漏洞，以此反击，此时颜回自己可能招架不住，顾此失彼，这样的劝说最后不会有很好的收效。最后，当说教的对象不再听信所说内容时，就可能面临"死于暴人之前"的归宿。

从哲学理论的层面来看，这里首先把人与人之间的相互沟通，即"达人气"、"达人心"，提到非常重要的位置，并肯定这种沟通不是一件容易的事。同时，以上论说也指出了政治实践领域的危险性：试图人为地改变该领域的现状，可能会使人面临生命之虞，而劝告暴君便属于这一类人为的方式，其结果则是可能危及人自身的存在。这一看法可以视为《养生主》所说的"安时而处顺"的主张在政治领域中的延伸。从道德领域来说，庄子否定说教的方式，反对强行地把某种主张灌输给他人。就具体的语境而言，这里固然涉及君臣之间如何彼此沟通的问题，但从更广的视域看，"达人气"、"达人心"并不仅仅限于政治领域君臣之间的关系，它在更普遍的层面关乎相互交往和沟通如何可能的问题。

【原文】

"且昔者桀杀关龙逢，纣杀王子比干，是皆修其身以下伛拊人之民，以下拂其上者也，故其君因其修以挤之。是好名者也。昔者尧攻丛枝、胥敖，禹攻有扈，国为虚厉，身为刑戮；其用兵不止，其求实无已。是皆求名实者也，而独不闻之乎？名实者，圣人之所不能胜也，而况若乎！虽然，若必有以也，尝以语我来。"

【释义】

本段从历史说起，尔后引向名和实的关系问题。名实问题在前面几篇中已从不同的角度有所论及，这里进一步从政治实践领域，对名和实的关系问题加以考察。桀与纣曾分别处死正直的关龙逢和比干，原因在于他们关怀民众、注重自身修养，从而赢得好名声。桀时贤臣关龙逢、纣之叔父比干等都关注和追求个体自身的名声和名望，结果却遭杀身之祸。在此，"名"首先表现为名声。与之相对的

"实"，则更多地与用兵或好战的行为联系在一起。对尧和禹来说，他们所征讨的国家都是非正义的，这些被征讨的国家往往穷兵黩武，但最后却导致自己之国残破如废墟，民众被杀戮，这是其"用兵不止"的结果，后者也就是所谓"求实"。这样，无论求名，抑或求实，都具有某种负面的意义。可以注意到，此处的论说固然关涉"名"与"实"，但其中的名实关系主要不是着眼于其认识论意义，而是更多地涉及社会政治实践的领域，后者使"名"与"实"所涉问题较之逻辑、认识论上的名实关系更广。事实上，在先秦哲学中，"名"与"实"都具有较为宽泛的含义，其中同时内含政治实践层面的问题，而不仅仅限于逻辑、语言学或认识论之域。对庄子而言，在社会政治领域中刻意求名或刻意追求某种政治现实，都是有意而为之，无论是个体追求名，还是君主追求实（"用兵不止，求实无已"），均无例外。这种进路在总体上都与前面提到的"顺乎自然"的原则相对立，其结果往往被赋予消极的意义。

【原文】

颜回曰："端而虚，勉而一，则可乎？"曰："恶，恶可！夫以阳为充孔扬，采色不定，常人之所不违，因案人之所感，以求容与其心，名之曰日渐之德不成，而况大德乎！将执而不化，外合而内不訾，其庸讵可乎！"

【释义】

"端而虚，勉而一"中的"虚"，主要是虚静，"一"则有专一之意。端庄虚静而专一，更多地与个体的自我道德修养联系在一起，其重点在于自我的态度。颜回的看法是，可以通过以上方式与卫君打交道。但在孔子看来，这种方式用在卫君这样的人身上恐怕是不行的，他列举了卫君的很多特点：刚愎自用，喜怒无常等等。人们不敢违逆其意志，卫君则以此压抑他人，放纵自己，他的这种品性已具有相当的顽固性，通过平时日积月累地感化尚且难以改变，试图借助"大德"一下子加以扭转更是不现实的。他也许会在表面上虚与委蛇，但内在的精神气质与品性不会有实质性的改变。这里既涉及自我的涵养，也关乎与他人的交往，颜回的出发点是通过自我的道德修养做到虚静而专一，以此作为前提来改变他人。孔子则认为这样并不会有成效，这种方式也许可以使自我在精神上达到比较完美的境地，但却无法影响和改变他人，因为自我的涵养和改造他人并不是一回事。

庄子借孔子与颜回的对话所表达的以上看法显然不同于儒家的实际思想。如所周知，儒家肯定人的德性和人格具有道德感化的力量，可以对他人形成潜移默化的影响。庄子这里似乎更多地将道德修养视为自我之事，其功能主要体现于个体本身，难以影响他人，在与他人交往之时，自己即便做得再好，也不一定对他人产生积极而有效的作用。值得一提的是，这里所讨论的"虚"和"一"，同时为下文论说"心斋"埋下了伏笔。从哲学的层面来说，本篇更需要注意的是后面的"心斋"之说。

【原文】

"然则我内直而外曲，成而上比。内直者，与天为徒。与天为徒者，知天子之与己，皆天之所子。而独以己言蕲乎而人善之，蕲乎而人不善之邪？若然者，人谓之童子，是之谓与天为徒。外曲者，与人之为徒也。擎跽曲拳，人臣之礼也，人皆为之，吾敢不为邪？为人之所为者，人亦无疵焉，是之谓与人为徒。成而上比者，与古为徒，其言虽教，谪之实也；古之有也，非吾有也。若然者，虽直而不病，是之谓与古为徒。若是则可乎？"仲尼曰："恶，恶可！大多政法而不谍，虽固，亦无罪。虽然，止是耳矣，夫胡可以及化！犹师心者也。"

【释义】

这里首先借颜回之口，提出了"内直外曲"的问题。"内直"也就是遵循自然的原则，"外曲"则是合乎社会的规范。在庄子看来，一方面坚持自然的原则，另一方面又对现实加以适应，而非完全对抗社会和现实，如此，才不失为明智之举。通常所谓"内方外圆"，也是类似的处世原则，其特点在于既坚持原则性，同时又灵活地适应现实，努力在两者之间形成某种平衡。

"内直外曲"是总的原则，其下具体分为三个方面，即："与天为徒"，"与人为徒"，"与古为徒"。所谓"与天为徒"，直接的意思是以自然为同类，与自然合一，从庄子前后的观点来看，这里的核心在于坚持自然的原则。此处所说的"与古为徒"内含不同意蕴。所谓"其言虽教，谪之实也"，其中的"谪"有谏争、批评之义，主要指出了以往之言属针砭世弊之论；"古之有也，非吾有也"云云，表明这些见解虽出自古人，非由我而发，但我却可以古人之语为自己的思想依据，并借古讽今。换言之，一方面应以古人之说为自己思想的依据，另一个方面则可借古而讽今。合起来，即自己提出的主张要基于古人之说，同时，又借古人的观念来反讽现实。"与人为徒"意味着在交往的过程中，与社会中的其他人形成一定的联系，而这一过程又需要合乎一般的社会规范与准则。这一意义上的"与人为徒"可以联系前面提到的"为善无近名，为恶无近刑"，它表明：在处世的过程中以自然为原则并不是完全与社会相对立，对社会的一般原则与规范仍须尊重。要而言之，"与天为徒"以遵循自然原则为指向，"与人为徒"表现为对社会规范和社会原则的依照，"与古为徒"则更多地体现了历史的延续性。

针对颜回提出的以上几种方式，包括"内直"、"外曲"

等，庄子笔下的孔子作了回应。"大多政法而不谍"，此处之"大"即"太"，其中涉及对多重性、多方面性的批评。前面提到处世的多重方式，不能一以贯之地坚持一种原则，而是以不同的态度和方式来应对，孔子认为这是过于多样化了，属不通达。尽管这些方式也许没有大的失误，但其作用不过如此，难以真正变革对象，可以归入"师心自用"之列。在庄子那里，所谓"心"，常常与个体的成见联系在一起，并与普遍之"道"或"道"的智慧相对。"师心"既意味着主要限于观念之域，也表现为仅仅从个人的主观成见出发而偏离"道"的智慧。和前面提到的"虚""一"相近，"与天为徒"、"与人为徒"、"与古为徒"也主要呈现为个人自我调节、安身立命的原则，欲以此去影响他人，在庄子看来是不会有明显作用的。可以注意到，庄子对通过交往过程以改造他人、影响他人持怀疑的态度：个人固然可以通过自己的努力达到某种境界，但试图以此来影响他人，则未必见效。

【原文】

颜回曰："吾无以进矣，敢问其方。"仲尼曰："斋，吾将语若！有心而为之，其易邪？易之者，暤天不宜。"颜回曰："回之家贫，唯不饮酒不茹荤者数月矣。如此，则可以为斋乎？"曰："是祭祀之斋，非心斋也。"回曰："敢问心斋。"仲尼曰："若一志，无听之以耳而听之以心，无听之以心而听之以气！

听止于耳，心止于符。气也者，虚而待物者也。唯道集虚。虚者，心斋也。”

【释义】

本段的主要论题是"心斋"。根据庄子的描述，经过几番的往来辩难，颜回已无言以对，难以提出更进一步的思路，因此不得不求教于孔子。孔子首先提出"心斋"，并将其与宗教意义上的"斋"区分开来："祭祀"所涉之"斋"，带有宗教的意味，"心斋"则呈现不同的特点。就具体过程而言，首先是"一志"，即志有定向或意志专一，它构成了"心斋"的前提。进一步，则是超越所谓"听之以耳"，走向"听之以心"。"听之以耳"是一种隐喻的说法，"耳"与感官联系在一起，属于感性的存在，"听之以耳"也就是用感官接触对象，以感性的方式来把握这个世界。"听之以心"则是对"听之以耳"这种感性式的超越，但在庄子看来，这种超越并不具有终极性。作为区别于感性的形式，"听之以心"的特点在于以理性的方式把握世界："心"可以看作是广义的理性领域。在庄子看来，不管是"听之以耳"还是"听之以心"，都需要加以超越，这一看法意味着感性的方式与理性的方式都不足以把握世界。根据前后语境，这里的"听止于耳"似当为"耳止于听"，后者与下文"心止于符"结构一致，二者的共同特点，在于都有自身的限度。这样，依庄子，"听之以耳"与"听之以心"之后，便须继之以"听之以气"。庄子所说的"气"含义较广，气在形态上首先呈现弥漫而混沌的特点，它与庄子在《齐物论》中所描述的"道通为一"、混而未分的存在状态具有一致性，在此意义上，"听之以气"意味着回到存在的原初（未分）形态。同时，"气"又与"虚而待物"相关，从而不同于纯粹的外在物理现象，而呈现某种精神形态。从这一方面看，"听之以气"近于通常所说的直觉方式：在扬弃了感性的方式和理性的方式之后，庄子最后诉诸"听之以气"的直觉方式。作为把握世界的方式，"听之以气"的内在特征在于"虚"，达到"虚"则以"无听之以耳"和"无听之以心"为前提，后者以消解感性和理性的分别并超越于两者为实质的指向。

庄子对"气"的以上理解，与儒家似乎有所不同。孟子曾指出："不得于心，勿求于气，可；不得于言，勿求于心，不可。夫志，气之帅也；气，体之充也。"[1]这里的"气"主要与"身"相关，所谓"气，体之充也"，也隐喻了这一点。这一意义上的"气"既关乎感性的规定，也与意志力量相涉，其特点是不同于理性的规定；与之相对的"心"则与理性之思相关，所谓"心之官则思"[2]，也表明了这一点。"不得于心，勿求于气"，意味着在理性主导（心）尚未确立之前，不

---

①　《孟子·公孙丑上》。
②　《孟子·告子上》。

可放任作为非理性规定的"气"。较之庄子以"听之以气"超越"听之以心",孟子似乎更为强调理性的主导作用。

　　较之庄子之注重"听",儒学一系的邵雍后来将"观"置于更为重要的地位:"夫所以谓之观物者,非以目观之也。非观之以目而观之以心也,非观之以心而观之以理也。天下之物,莫不有理焉,莫不有性焉,莫不有命焉。所以谓之理者,穷之而后可知也。所以谓之性者,尽之而后而知也。所以谓之命者,至之而后可知也。此三者,天下之真知也。"　不难注意到,①庄子所言的"听"与邵雍所说的"观",都不限定在感官(耳或目)与理性(心):两者分别以"气"和"理"为出发点。如所周知,气的特点是弥漫而浑然,具有整体的形态;理则主要表现为内在规定与法则。与之相应,"听之以气",侧重于从混沌的整体把握对象,或者说,以直觉方式把握整体;"观之以理",则主要指向对象的内在规定或法则,或者说,以理性直观的方式把握本质。尽管邵雍也提到"以物观物"②,但这种"观"是以"天下之物,莫不有理焉"为前提的,从而,"以物观物"与"观之以理"具有一致性:"观之以理"也就是在更内在或本质的层面达到"以物观物",或者说,以物观物最终需要落实于以理观物。

---

① 邵雍:《观物内篇》,《邵雍集》,中华书局,2010年,第49页。
② 同上。

王夫之在《庄子解》中曾指出："心斋之要无他，虚而已矣。"①作为"心斋"的内在特征，"虚"包含悬置日常的经验知识之意。个体在日常社会生活中，通过教育、学习等过程，可以形成感性与理性的多样经验知识，在庄子看来，这种已有的知识经验往往呈现消极作用，"虚"意味着把它们搁置起来或加以解构，只有在此前提下，才能达到以"心斋"形式表现出来的直觉状态。这一意义上的"虚"同时关乎"道"，而"听之以气"则通过悬置已有的知识经验，以直觉的方式指向道的智慧，所谓"唯道集虚"，便表明了这一点。

值得关注的是，与"听之以气"相关的"唯道集虚"，以"集"为其内在观念。如所周知，孟子在谈到"浩然之气"时，也谈到"集"，认为这种"浩然之气"乃是"集义所生"②。二者都谈"气"，并把"气"与"集"联系起来，但就具体的内容而言，孟子强调"集义"，"义"包含理性的规范，与之相关的是"配义与道"，这一意义上的"道"相应地关乎"义"：按其实质，"配义与道"更多地展现理性的内涵。比较而言，庄子所重在"集虚"，其内在要求是消解已有的经验知识，包括忘却和超越理性之知。可以看到，同样是注重"气"，但儒道两家的具体理解却存在重要的差异，庄

---

① 王夫之：《庄子解·人间世》。《船山全书》第十三册，岳麓书社，1993年，第132页。
② 《孟子·公孙丑上》。

子要求悬置日常的经验知识（包括理性的知识），以"听之以气"达到道的智慧；孟子则趋向于融合理性之知，用理性来约束和制约以"浩然之气"的形式展现的精神力量，其中涉及的主要是人格涵养与道德实践之域。如果说前者关乎如何得道的广义认识问题，那么，后者则更多地体现了伦理的关切。

【原文】

颜回曰："回之未始得使，实自回也；得使之也，未始有回也。可谓虚乎？"夫子曰："尽矣。吾语若！若能入游其樊而无感其名，入则鸣，不入则止。无门无毒，一宅而寓于不得已，则几矣。绝迹易，无行地难。为人使易以伪，为天使难以伪。闻以有翼飞者矣，未闻以无翼飞者也；闻以有知知者矣，未闻以无知知者也。瞻彼阒者，虚室生白，吉祥止止。夫且不止，是之谓坐驰，夫徇耳目内通而外于心知，鬼神将来舍，而况人乎！是万物之化也，禹舜之所纽也，伏戏、几蘧之所行终，而况散焉者乎！"

【释义】

如前面所言，"心斋"的要义是消解已有的知识经验，将感性的经验和理性的思维成果悬置起来，在此前提下达到对道的直觉。根据前后文义，这里的"实自回也"似当为"实有回也"。对庄子而言，上述意义中的直觉常常和"有我"与"无我"联系在一起：所谓"回之未始得使，实自（有）回也"，亦即在没有听到"心斋"之说的时候，还有自我；"得使之也，未始有回也"，则指在听了有关"心斋"的一番教诲之后，即恍然有悟，忘却了自我的存在。这可以看作是从另一个侧面对"心斋"的特点所作的论述：在"心斋"的状态之下，个体往往处于"无我"之境。事实上，《人间世》中的"心斋"与《大宗师》中的"坐忘"呈现彼此呼应的关系，"坐忘"以"离形去知，同于大通"为指向，自我则由此趋于消解，"心斋"则以另一种方式肯定了"无我"的状态。这里的"我"可以理解为经验层面的"我"，与之相应，"无我"主要相对于这种经验意义上的"我"，而并不是在绝对意义上完全泯灭"我"。从现实的形态看，"心斋"的主体依然离不开自我，这一意义上的自我是无法完全消解的。正如"至人无己"中的"无己"并非完全否定自我，而是回到与自然为一的真实的自我，与"心斋"相关的未始有我，也未尝疏离合乎自然的"我"。

消解经验的我，体现了精神之"虚"，由此，孔子又回到如何感化和劝说卫君这一论题。在庄子看来，重要的是虽身处名利之境，但又不为名利所动，对方愿听则说，不愿听则不说，最后达到"一宅而寓于不得已"之境。前面已提及，在庄子那里，自然在某些场合之下与偶然或"适然"相关联，在另一些情况下又与必然相联系，这里的"不得已"便包含必然之意，"一宅而寓于不得已"则是完全停留在必然性所规定的范围之内，亦即顺从必然之"命"，而这一过程又与顺乎自然相一致：一切听其自然，不做勉强之事。对庄子而言，唯有达到"心斋"之境，才可能安于必然。以劝说卫君而言，一开始雄心勃勃，试图通过自己的一番努力来改变卫君。经过"心斋"之后，开始达到对"道"的直觉，便不会像最初那样，从自己的先入观念出发，一意孤行，而是能够以顺从自然、安于必然的方式去处理政治上的事务。可以看到，"心斋"在此构成了某种中介，一开始的执着渐渐地通过"心斋"转换为对"道"的领悟，并由此走向合于自然和顺乎必然。

在庄子那里，"心斋"既具有认识论的意义，又是一种自我涵养的方式，其整个关注中心是从自我做起，后者以"成乎己"为前提。如何"成乎己"？这一问题的实质也就是如何来完善自我。"心斋"则可以视为完善自我的具体方式和途径，其特点在于超越已接受的日常知识经验。按庄子的理解，唯有悬置这些已经积累起来的知识，才可能达到精神的转换，这是庄子一再强调"集虚"、"虚"、"一"的主要缘由。从广义认识论的层面来看，儒家和道家确实存在明显的差异，庄子这里的看法与老子所说的"为道日损"前后呼应："为道日损"表明达到"道"的智慧并不像"为学"过程那样持续地增益（所谓"为学日益"），而是逐渐地消解，"日损"即不断清除已经积累起来的东西，使精神达到空虚状态。从思想演化的内在脉络看，由老子的"日损"到庄子的"心斋"，无疑具有前后延续性。相对而言，儒家更注重积累、博学，在《论语》中，可以一再看到对博学的关注，儒家的其他经典中也反复强调这一点。博学意味着广泛扩展知识经验，包括前人的和同时代人的思维成果，以此为进一步认识的出发点。质言之，道家通过"日损"以消解已有的知识，儒家则注重已有知识的积累。从认识的过程来看，以已有的知识作为出发点和超越已有的知识，本身展开为一个互动的过程，仅仅停留在已有知识之上，新的创见往往会受到限制；但另一方面，不管是智慧层面的"为道"，还是知识层面的"为学"，都无法从"无"开始。广义的认识过程既以已有的知识结构为背景，又不仅仅受制于这一背景，可以说，儒道各自注意到了其中的一个方面。

"绝迹易，无行地难"，是说行走过程中不留痕迹，相对而言比较容易一些，但是试图不着地而行走，便有些不切实际，从日常经验来看也比较困难。有意而为之的人为过程容易远离实际，顺乎自然则可避免这种现象。后面所谓"有翼飞者"是一种"有待"的现象（凭借"翼"而飞），"无翼飞者"意味着"无所待"，在庄子看来，无所待的行为方式是一种更高的境界。"以有知知者"是一般的世俗见解，其特点是借助已有的知识进一步掌握新的知识，"以无知知者"则超出了常人的见解，而与前面所说的"心斋"前后呼应，其内在含义在于悬置所有以往的知识经验，以虚静的状态去理解和把握这个世界。庄子通过想象和隐喻，以论证这一点：虚灵的心境如空旷之域[1]，无思无念，清澈似光（"虚室生白"），吉祥之境即止于此。如果不能止于虚静，则精神便会外驰。正如虚静是吉祥的根基一样，"无知"构成了"知"的前提。这里同时涉及"知"的出发点问题："知"可以从"有知"出发，也可以将"无知"作为出发点，以"心斋"之说为依据，庄子强调悬置已有的知识经验，消解先入之见，以此（无知）为知识的先导。后面所谓"夫徇耳目内通而外于心知"，似乎接近于内视而反听。"内通"不是指向外在对象或经验世界，而是指向自我本身。"耳目"不同于"心知"，"心知"是用逻辑思维、推论等的方式展开，"耳目"更多地是用感性的方式来把握这个世界，这种方式本来指向外部对象，但庄子在这里却将其作用理解为"内通"，即返身向内，指向自身。同时，这里并不借助于逻辑的推论方式，而是"外于心知"，相对于逻辑的演绎而言，这种方式更多地带有直觉想象的特点。事实上，对庄子而言，唯有通过直觉、想象的方式，才能达到他所理解的

---

[1] 释德清：虚室，"心虚之喻也"（《庄子内篇注·人间世》，华东师范大学出版社，2009年，第97页）。

"道"。可以看到，从出发点来说，这一进路表现为"以无知知"，即不以已有的知识为认识的起点；从具体的作用过程看，它所指向的是"外于心知"的内在之"观"。在庄子看来，以上把握世界的方式可以追溯到以往的伏羲、舜、禹等圣王，这一观点包含前述"与古为徒"的观念，其要义在于将自己的论点与古代圣王们的思维方式联系起来，以古人论证自己的看法。

【原文】

叶公子高将使于齐，问于仲尼曰："王使诸梁也甚重，齐之待使者，盖将甚敬而不急，匹夫犹未可动，而况诸侯乎！吾甚栗之。子常语诸梁也曰：'凡事若小若大，寡不道以欢成。事若不成，则必有人道之患；事若成，则必有阴阳之患。若成若不成而后无患者，唯有德者能之。'吾食也执粗而不臧，爨无欲清之人。今吾朝受命而夕饮冰，我其内热与！吾未至乎事之情，而既有阴阳之患矣；事若不成，必有人道之患。是两也，为人臣者不足以任之，子其有以语我来！"

【释义】

叶公子高是楚庄王的玄孙，诸梁为其名。他受命出使齐国，齐国对使者常表面恭敬，但实质办事敷衍，叶公子高为此感到忧虑。在向孔子请教时，他提到了孔子以往关于

"事"的看法。这里的"事"既涉及政治交往的问题，特别是国与国之间的外交活动，同时又包含更宽泛的意义。从后一方面看，"事"也可以理解为一种行为或实践的过程。"凡事若小若大，寡不道以欢成"，亦即事不管大小都要依据于"道"，唯有遵循"道"，"事"才能获得成功。后面进一步提到"事"的两种可能趋向，一是成，一是不成。"不成"会有"人道之患"，即在政治领域，如果未能成功办事，将会受到惩处；"事若成，则必有阴阳之患"，即办事过程中难免操劳，"事成"之后又容易过度兴奋，由此导致阴阳失调，从而造成另一种意义上的伤害。这样，不管是成功还是不成功，总是会形成消极后果。在庄子看来，要避免以上结果，只能依靠"有德者"，所谓"有德者能之"，便表明了这一点。可以注意到，庄子在此实际上区分了"有德者"和"有道者"。"有道者"关乎广义的实践过程，一般的行为过程都要基于"道"，否则很难获得成功。"有德者"则主要与实践主体相关，涉及行为者本身的内在的精神形态，这里的"德"实质上可以看作是"道"的内化形态。对庄子而言，要避免以上双重之患，不仅在实践过程中需要合乎"道"，而且行为者本身必须化"道"为"德"，在内在的精神形态上达到一定的修养高度。

文中的叶公子高自述平时饮食俭朴，受命之后急火攻心，尚未了解事情的真实状况，阴阳已经失调，如果出使不顺，则又将有"人道之患"，由此，突出了做事过程的两难之境。从逻辑上看，前面他所引述的孔子语，已蕴含了一个方面的解决途径，这首先表现在对合乎"道"与"有德"的区分，并进一步强调不能仅仅停留在一般意义上的合乎"道"，而是需要进一步提升到"有德"形态。换言之，"道"应当由外在于个体的东西转化为主体内在的精神形态。

【原文】

仲尼曰："天下有大戒二：其一命也，其一义也。子之爱亲，命也，不可解于心；臣之事君，义也，无适而非君也，无所逃于天地之间。是之谓大戒。是以夫事其亲者，不择地而安之，孝之至也；夫事其君者，不择事而安之，忠之盛也；自事其心者，哀乐不易施乎前，知其不可奈何而安之若命，德之至也。为人臣子者，固有所不得已。行事之情而忘其身，何暇至于悦生而恶死！夫子其行可矣！

【释义】

这里首先借孔子之口，对伦理、政治的义务关系作了考察。人生活于这个世界，总是会面临伦理、政治的关系，父子之间的关系更多地呈现伦理的性质，君臣之间所形成的则是政治关系。与之相应，人也承担着不同的伦理和政治义务，"爱亲"和"事君"便属这类义务，庄子将其视为社会的必然法则（所谓"大戒"）。人生在世，总是要和人打交道，不可能完全游离于社会之外，其间的责任和义务，也难以摆脱。这种看法可以理解为前面所谓"与人为徒"的引申，它同时也成为后来理学的先声，程颢便认为："父子君臣，天下之定理，无所逃于天地之间。"[①]二者所强调的，都是道德义务的普遍性与必然性。不过，对庄子而言，"与人为徒"主要侧重于"外曲"，与之相对，还有"与天为徒"意义上的"内直"，后者所涉及的是自然原则。"与人为徒"之域的"事亲"、"事君"，以充分或完美地履行相应的伦理政治义务为指向，从"与天为徒"或"内直"这一层面来说，则应做到不动心、不动情，所谓"自事其心"，也就是注重于内在意识的自我调节，如此，则可"哀乐不易施乎前"。这里同时涉及实然与当然的关系。就实然而言，正如道分化之后形成多样的事物一样，社会领域也存在人无法摆脱的关系和义务，庄子借孔子之口肯定这一点，也从一个方面涉及儒家相关立场。不过，尽管庄子承认在现实存在中无法摆脱责任关系，但对他而言，从当然的角度看，在具体履行这些关系所规定的义务时则应以自然为原则，从而使履行规范和义务如同出乎自身的意愿。这样，一方面，人始终无

---

① 《二程集》第一册，中华书局，1981年，第77页。

法摆脱"与人为徒"的存在方式，也不能完全拒斥外在的社会义务和责任，另一方面，又不能执着或限定于此，而是需要引入自然的原则。这与儒家的观念显然有所不同：儒家固然肯定前一方面，但却难以接受后一方面。

"与天为徒"和"与人为徒"的统一，同时涉及"安命"与顺自然的关系，在所谓"知其不可奈何而安之若命，德之至也"的表述中，便不难看到这一点。对庄子而言，履行外在的社会责任和义务的过程既表现为顺乎自然、"自事其心"，也是一个"安命"的过程，顺自然和"安命"在庄子看来是相互统一的。两者的这种统一，涉及如何理解政治、伦理的关系和政治、伦理的义务问题。按庄子之见，政治、伦理的关系与这一领域中的义务表现为自然和必然的统一，"自事其心"体现的是顺自然，"知其不可奈何而安之若命"则可以视为顺乎必然，两者可以达到一致。后面提到的"行事之情而忘其身"，同样以实然和自然为关注之点，"行事之情"意味着将伦理政治关系与义务视为既成的规定而自然应对，"何暇至于悦生而恶死"则进一步将生与死是一个自然过程的观点引入进来，以面对生死的自然态度面对人所处的社会义务。要而言之，人在这个世界中固然有各种的责任与义务需要去履行和完成，但不能把这一过程视为通过自身的努力去完成当然，而是应将其看成自然而然的过程，在这里，合于自然、顺乎必然超越了有意地行其当然。较之儒家主要从当然的层面理解父子君臣的伦理政治关系，庄子的以上看法显然展现了不同的进路。

【原文】

"丘请复以所闻：凡交近则必相靡以信，远则必忠之以言，言必或传之。夫传两喜两怒之言，天下之难者也。夫两喜必多溢美之言，两怒必多溢恶之言。凡溢之类妄，妄则其信之也莫，莫则传言者殃。故法言曰：'传其常情，无传其溢言，则几乎全。'

【释义】

以上所述，关乎不同的国家之间相互交往的形态和特点。在庄子看来，近距离的交往以信任为主，亦即通过具体行为过程中体现出来的信用来取信于对方。远距离的交往方式则更多地借助于语言的方式。语言在交往过程中会产生很多问题，这里主要提了两种，一种是"溢美"，一种是"溢恶"，"溢"即过度，这里涉及两个层面的过度。从另一个角度来说，过度意味着不真实，不管是超出还是不足，都会导致失真。在庄子看来，这种不真实的交往形式容易引发彼此之间沟通的困难。这一看法背后蕴含如下观念：借助语言展开的交往过程应该遵循真实性的原则。尽管从直接的对象来说，这里涉及的是国与国之间的交往，特别是国君之间彼此理解和沟通的问题，但事实上其中也蕴含更普遍的意义：作为广义的交往方式，它已超出了国与国之间的关系而涉及个体之间交往的问题。相应地，语言表达的真实性原则，也同样适用于个体之间的日常交往过程。所谓"传其常情"，也就是所表达或转达的，应当是通常的真实状况。

【原文】

"且以巧斗力者，始乎阳，常卒乎阴，泰至则多奇巧；以礼饮酒者，始乎治，常卒乎乱，泰至则多奇乐。凡事亦然：始乎谅，常卒乎鄙；其作始也简，其将毕也必巨。

【释义】

以技巧相斗、较量的人，一开始会用明招，最后则常用阴招，走向极端，甚至超乎常规方式。饮酒时，最初也总是比较有序，到最后则往往失序。引申而言，日常生活中的诸事，都是如此。凡事一开始总是比较单纯，后来则变得越来越繁复，逐渐由淳朴而变得狡诈，等等，这也可以视为文明发展的一般趋向。事实上，"以礼饮酒"即是文明的行为方式，而饮酒过程一开始彬彬有礼，后来却无序而失范，这一事实也表明：文明的演化总会导向负面的结果。庄子着重突出文明发展所带来的这种负面后果，并以此为批评礼乐文明的出发点。

【原文】

"言者，风波也；行者，实丧也。夫风波易以动，实丧易以危。故忿设无由，巧言偏辞。兽死不择音，气息茀然，于是并生心厉。克核大至，则必有不肖之心应之，而不知其然也。苟为不知其然也，孰知其所终！故法言曰：'无迁令，无劝成，过度益也。'迁令劝成殆事，美成在久，恶成不及改，可不慎与！且夫乘物以游心，托不得已以养中，至矣。何作为报也！莫若为致命，此其难者！"

【释义】

这里首先提到了语言的问题，并强调了语言的不确定性。庄子以风喻言："言者，风波也"，"风波"本指"水因风而起波"①，引申为扩散、远播。"行"在此指语言的传递。在语言的传递过程中，常常得失并存。无论是像风的扩散那样随风而飘荡，还是传递过程中的有得有失，都表现了语言的不确定性。后面具体地考察了可能影响语言表达和理解的两种情形，一是"忿"，一是"巧"。"忿"属于内在的情感，在庄子看来，这种内在情感往往会影响语言的使

---

① 成玄英：《庄子疏·人间世》。

用。在日常经验中，确实也可以看到情绪的波动会妨碍语言的正确使用。所谓"巧"则表现为外在的形式，语言总是有形式和内容之别，过分注重外在形式，也会影响到语言的内容的表述。不仅语言的运用受到内在情感与外在形式的影响，而且其他行为也会受到内与外的制约。以动物而言，将死之兽，会狂叫发怒，并生恶念，这种行为源于内在之情。同样，对人过度逼迫，便会引发其敌意，后者也是由外而起。

后面提到"迁令"、"劝成"。"迁令"主要是改变既成之令，"劝成"则是通过语言提出要求，二者都不合自然的原则。"乘物以游心，托不得已以养中"表现为超乎以上作用的方式，其特点在于不再试图用不合自然的形式来改变社会的现状。从语言的运用到行为的展开，人为的因素都呈现消极的意义：语言的不确定，与"忿"和"巧"这种人为作用相关；行为的不适当，则源于"迁令"、"劝成"等悖乎自然的方式。从以上诸段讨论的主题——如何履行事亲事君包括出使他国这一类伦理政治的义务——来看，合于自然、顺乎必然（命）则构成了其主导原则。

【原文】

颜阖将傅卫灵公大子，而问于蘧伯玉曰："有人于此，其德天杀。与之为无方，则危吾国；与之为有方，则危吾身。

其知适足以知人之过，而不知其所以过。若然者，吾奈之何？"

蘧伯玉曰："善哉问乎！戒之慎之，正女身也哉！形莫若就，心莫若和。虽然，之二者有患。就不欲入，和不欲出。形就而入，且为颠为灭，为崩为蹶。心和而出，且为声为名，为妖为孽。彼且为婴儿，亦与之为婴儿；彼且为无町畦，亦与之为无町畦；彼且为无崖，亦与之为无崖。达之，入于无疵。

【释义】

颜阖是鲁国贤人。蘧伯玉，卫国大夫。以上对话讨论的是如何对待天性暴戾之人。与这些人如何共处？如何交往？他们生性冷酷，如果不用规范去约束他，就会肆无忌惮，对社会造成很大的危害；如果以法度去规约，则会使自身受到威胁，以上情形使人在交往过程中面临两难之境。这里同时提出了自知与知人的问题：上述这类人常常可以了解他人的过失，但对自己的问题及其根源，却缺乏认知。从认识论的角度看，这种现象表明知人易，自知难；就道德的层面言，无法真切认识自己的不足，往往导致讳疾忌医。

庄子借蘧伯玉之口对此作了回应。对待以上这一类人，首先应自身挺立，所谓"正汝身"，由此确立一种榜样的力量。榜样的作用与外在的说教正好相对，重要的不是说教，而是通过自身的示范以影响他人。从具体的行为方式来看，庄子又提出"就"与"和"的问题，"就"即接近，"形

莫若就"，也就是做出接近对方的姿态；"心莫若和"，则
是内心避免对抗。但同时，在接近的过程中又不能过于亲
近，过于亲近可能会缺乏距离感，与之合而为一，甚至反过
来完全随他而去，从而处于被动地位；另一方面，心理上也
不能过于疏远，所谓"和不欲出"。总起来，既不宜过于亲
近，也不能太疏远，这里需要掌握适当的"度"。处事过程
离不开对"度"的把握，在人与人的交往过程中同样也有个
"度"的问题。以上过程既涉及如何与暴戾之人交往的方
式，也关乎人与人之间一般相处的问题，其中的要义，是顺
乎对方，而不是强人就我。"彼且为婴儿，亦与之为婴儿；
彼且为无町畦，亦与之为无町畦；彼且为无崖，亦与之为无
崖"等等，都是根据对方的特点来确定相应的交往方式，这
种交往原则可以理解为"与天为徒"的引申：通过将"与天
为徒"的原则运用于"与人为徒"的交往过程，逐渐引导对
方进入正道。

【原文】

　　"汝不知夫螳螂乎？怒其臂以当车辙，不知其不胜任也，
是其才之美者也。戒之，慎之！积伐而美者以犯之，几矣。
汝不知夫养虎者乎？不敢以生物与之，为其杀之之怒也；不
敢以全物与之，为其决之之怒也。时其饥饱，达其怒心。虎
之与人异类而媚养己者，顺也；故其杀者，逆也。

"夫爱马者，以筐盛矢，以蜄盛溺。适有蚊虻仆缘，而拊之时，则缺衔毁首碎胸。意有所至而爱有所亡，可不慎邪！"

【释义】

这里首先讨论了自我的做为与外部对象或外部环境的关系。所谓"螳臂当车"，也就是不自量力，其特点在于未能根据对象和自己的具体特点做出适当的行为选择，而结果则是所选择的事完全超出了自身的能力范围。这种不当选择的根源在于未能如实了解自己的能力，而仅仅简单地"是其才之美"。引申而言，自夸而触犯对象，是危险之举。庄子以养虎为例作了说明。养虎不能违逆其天性，不能刺激或触犯它，而是需要顺导它的意向，然后慢慢地作用于它，这样才可能取得比较好的效果。这里以虎喻人，涉及人与人，包括人与暴君之间交往的基本原则，后者表现为根据对象的不同特点来确定相应的交往方式。在总体上，这仍是安于必然，顺从自然。

行为过程同时涉及意向或目的与行为的方式之间的关系，养马之例便关乎这一关系。爱马者总是具有关心马的意向，平时对马小心翼翼地加以服侍，发现有蚊虻在马身上，会立即拍打，结果却可能使马因惊吓而受到伤害。出发点（意向）是爱护、关心马，然而，这种"关切"方式的结果却可能适得其反，所谓"意有所至而爱有所亡"，便表明了这一点，其中突显了行动的意向与行动的方式之间的张力。对庄子而言，唯有在行动意向与行动发生皆基于自然的情况下，以上张力才可能化解。

【原文】

匠石之齐，至于曲辕，见栎社树。其大蔽数千牛，絜之百围，其高临山十仞而后有枝，其可以为舟者旁十数。观者如市，匠伯不顾，遂行不辍。弟子厌观之，走及匠石，曰："自吾执斧斤以随夫子，未尝见材如此其美也。先生不肯视，行不辍，何邪？"曰："已矣，勿言之矣！散木也，以为舟则沉，以为棺椁则速腐，以为器则速毁，以为门户则液樠，以为柱则蠹。是不材之木也，无所可用，故能若是之寿。"

【释义】

这里涉及"用"的问题。按庄子之见，物之"用"可以区分为两类：对他物之"用"与对自身之"用"。对他物或他人无用，对自我则可能有大用。庄子以大树为例，对此作了阐释。一棵被作为社神（土地神）的大树，其大可供数千头牛遮阴，树干之围超过百尺，高数十丈的树干之上有树枝，可以用来造船的树枝有十余种，然而，大匠（匠石）却看也不看一眼。为什么？因为其材质不行：以此造船，则船沉；以此制器，则器毁。对大匠而言，这种树虽大，但却无用。然而，正由于它无用于制器，因而可以免于被砍伐，获得长寿。在此，大树无用于人，却有用于己。

"用"具有价值的意义，有用意味着有价值。从哲学的层面看，对他人或他物之用，属于外在或工具意义上的价值（用），对自己之用，则表现为内在的价值。就大树而言，能被制器，是外在或工具意义上的价值，自身生命长久，则是其内在价值。对无用于外物而有用于自身的肯定，同时表现为对事物内在价值的确认。庄子以树喻人，将无用于他人和社会视为达到人的内在价值的前提，无疑有其消极的一面，但对内在价值的肯定，则无疑又从实质的方面体现了对人的关切。

【原文】

匠石归，栎社见梦曰："女将恶乎比予哉？若将比予于文木邪？夫柤梨橘柚，果蓏之属，实熟则剥，剥则辱；大枝折，小枝泄。此以其能苦其生者也，故不终其天年而中道夭，自掊击于世俗者也。物莫不若是。且予求无所可用久矣，几死，乃今得之，为予大用。使予也而有用，且得有此大也邪？且也若与予也皆物也，奈何哉其相物也？而几死之散人，又恶知散木！"

匠石觉而诊其梦。弟子曰："趣取无用，则为社何邪？"曰："密！若无言！彼亦直寄焉，以为不知己者诟厉也。不为社者，且几有剪乎！且也彼其所保与众异,而以义喻之,不亦远乎！"

【释义】

　　大匠（匠石）与大树（栎社）的梦中对话,具有寓言的性质,庄子以此进一步阐发关于"用"的观念。按大树（栎社）之见,树若为果树,则一旦果实成熟,就会遭到各种形式的采摘,由此伤及枝干,最后甚至夭折,这是其"有用"带来的后果。一般事物也无不如此。为避免此类归宿,大树久求无用,历尽劫难,九死一生,终于达到了这一目的（对他人的"无用"）,但后者恰好又成就了自己的"大用"（"为予大用"）。如果它呈现为有用之材,便不可能有今日之大。大匠（匠石）曾轻蔑地称大树（栎社）为"散木",栎社则以匠石为几死之"散人",并反唇相讥:"几死之散人,又恶知散木？"当然,从逻辑上说,既求无用,为何还要充当社神之树？匠石之徒即提出此疑问。按匠石的理解,社树仅仅是外在的寄托,是其忍辱负重的体现,因为此树会因此而为不了解其意向者所诟病。而从实际效果看,通过充当社树,它也免遭了砍伐,就此而言,这也可以看作是"为予大用"的一个方面。

　　如庄子所言,栎社的自保方式,确实与众不同。这里涉及人的存在与外在名利、外在价值与内在价值的关系。名利对人而言是身外之物,它们不仅无助于维护人的生命存在，而且常常会对人的生存产生消极影响。由此，以超越名利的方式维护人的生命存在，便构成了自然的选择。在以"无用"为"大用"的背后，是对生命和存在价值的肯定。"用"同时呈现为广义的价值或"利"。在庄子看来，能为他物所用，仅仅只是外在之利，唯有能够维护个体生存的，才是内在价值或内在之利。通过"求无所可用"而使自身生存于世，意味着超越外在之利而实现内在之利。如前所述，这一看法固然体现了对人的生命存在的肯定，但同时却忽视了人的能力和人的创造性所具有的价值意义：依照"无用"与"大用"的以上逻辑，人的能力和创造性均属外在之用，对人的存在也相应地主要呈现负面的意义。对"用"与"无用"关系的如上看法，无疑包含消极的一面。

【原文】

南伯子綦游乎商之丘，见大木焉，有异：结驷千乘，隐将芘其所藾。子綦曰："此何木也哉？此必有异材夫！"仰而视其细枝，则拳曲而不可以为栋梁；俯而视其大根，则轴解而不可以为棺椁；咶其叶，则口烂而为伤；嗅之，则使人狂酲，三日而不已。

子綦曰："此果不材之木也，以至于此其大也。嗟乎神人，以此不材！"

【释义】

南伯子綦即南郭子綦。商之丘即商丘，为宋国都城。南郭子綦在商丘所见大树，与前面匠石看到的大树相近，也异乎寻常：其树荫之广，千乘的车马可以隐于其下。南郭子綦初以为此树必有奇异的材质，但仔细观察却发现，其枝弯曲，无法做栋梁；其主干松散，不能做棺木。舐其叶，则嘴角溃烂；闻其味，则狂醉三日。南郭子綦由此感慨：这是不成材之木，但正因其不材，故能成其大；神人同样如此，以不材示人，故能成就其"神"。这里再次涉及"用"的问题。与前述栎社相近，商丘的大树不仅无用（不成材），而且对人有害：其叶、其味，都让人生畏。正因既无用，又有害，此树得以成其大。这样，本来具有消极意义的"无用"、有害，在特定个体那里却获得了积极的意义，并由此而成其大用。值得注意的是，庄子在此由物（树）而引向人，明确肯定不仅作为物的"树"以无用为大用，而且人也同样如此："神人"可以视为庄子心目中的理想之人，他"以不材示人"，则同时被看作人存在于"世"的理想方式。

【原文】

宋有荆氏者，宜楸柏桑。其拱把而上者，求狙猴之杙者斩之；三围四围，求高名之丽者斩之；七围八围，贵人富商之家求禅傍者斩之。故未终其天年，而中道之夭于斧斤，此材之患也。故解之以牛之白颡者，与豚之亢鼻者，与人有痔病者，不可以适河。此皆巫祝以知矣，所以为不祥也。此乃神人之所以为大祥也。

【释义】

荆氏为地名，此处适合生长乔木。其中能够为一手所握或两手合握者，常被人砍去做关猴子的拴栅；有三围四围大的，被砍去做屋栋；有七围八围大的，则被贵人富商之家砍去做棺木。结果，这些树往往中途夭折。庄子的结论是："此材之患也。"亦即其可用性导致的后果。另一方面，有白额的牛、鼻孔上翻的猪，以及患有痔疮的人不适合祭河神，这一点，一般的巫祝都知道。本来，牛、猪、人的以上特征属不吉利的规定，然而，有这些特征的牛、猪、人却免于被作为祭品，从而能够享其天年。以上情形涉及祥（吉利）与不祥（不吉利）的关系：被他人视为不祥者，对相关个体来说恰恰是大祥。这一观点可以视为前述"无用"与"大用"之辩的延续，而"大祥"则更明确地肯定了有利于个体存在的规定所具有的积极意义。从外在价值或手段价值与内在价值的关系看，以上看法进一步强调了内在价值高于外在价值或手段价值。

【原文】

支离疏者，颐隐于脐，肩高于顶，会撮指天，五管在上，两髀为胁。挫针治繲，足以糊口；鼓筴播精，足以食十人。上征武士，则支离攘臂而游于其间；上有大役，则支离以有常疾不受功；上与病者粟，则受三钟与十束薪。夫支离其形者，犹足以养其身，终其天年，又况支离其德者乎？

【释义】

支离疏系假托之人，以形体不健全而得名。庄子以略显夸张的文字描述支离疏的形态之畸异，包括脸部埋于肚挤之下，双肩高耸于头顶之上，腿部与胸肋并立，等等。然而，他替人缝洗衣服，足以维生；为别人簸米筛糠，也可养活十来个人。遇到国中征兵或征用民力，支离疏可因形体残疾而无需担心；国君救助弱势民众，支离疏则可领到救济物。这样，支离疏虽然形体畸残，但却可以安享天年。庄子由此进一步由"形"论"德"：形体属外在的规定，与之相对，德性则属内在规定。形体的支离（畸残），意味着在"身"这一层面有别于常人；德性的支离，则表明在广义之"心"这一层面不合于一般的社会规范。庄子认为形体的支离尚且能够让人享其天年，德性的支离（"支离其德"）应当更有利于人的存在，其中蕴含着在伦理或道德的层面疏离一般的社会规范的趋向。这一进路可以视为庄子在天人之辩上推重"天"（自然）而质疑"人"（包括人的作用、文明成果、社会规范）的逻辑引申。

【原文】

孔子适楚，楚狂接舆游其门曰："凤兮凤兮，何如德之衰也！来世不可待，往世不可追也。天下有道，圣人成焉；天下无道，圣人生焉。方今之时，仅免刑焉。福轻乎羽，莫之知载；祸重乎地，莫之知避。已乎已乎，临人以德！殆乎殆乎，画地而趋！迷阳迷阳，无伤吾行！吾行郤曲①，无伤吾足！"

【释义】

本段借楚国狂人接舆之口，表达了有关如何在"世"的看法。人世处于变迁的过程，过去已经逝去，未来难以期待。圣人的在世方式，因人世而异：天下有道，则圣人可以成就事业；天下无道，则圣人以维护生命为指向。接舆所处之世，并非理想之世，人之所求，在于免于刑戮。然而，对于福与祸，人们往往难以合理对待：福虽微，却不知承受；祸虽大，也不知回避。在此种背景下，平时外出，需择地而行，

---

① 刘文典认为，"吾行郤曲，无伤吾足"当作"郤曲郤曲，无伤吾足"，与上文"迷阳迷阳，无伤吾行"一致。此或可备一说。参见刘文典：《庄子补正》（上），云南人民出版社，1980年，第164页。

以避免外在的妨碍和伤害；同时，应行进缓慢，以避免自伤其足。这里，庄子将个体如何处世与人世本身的状态联系起来，人世非凝固不变，处世的方式则应适应人世的变迁。如果人世有序，则可有所成就；如果失序，则首先注重自我生命的维护。就此段的基调而言，世道不如人意构成了主要的方面，与之相关的是个体如何自保的问题。"临人以德"（以德待人）、"画地而趋"（示人以当行之迹），都不同于"付人之自得"，亦即非合乎自然之举①，因而需要加以终止；人生之路上克服内外之障，也以此为前提。

【原文】

山木自寇也，膏火自煎也。桂可食，故伐之；漆可用，故割之。人皆知有用之用，而莫知无用之用也。

【释义】

这里又回到了有关"用"的问题。山中之木之被砍伐，油脂之被焚烧，都源于自身的原因（或可用，或可燃）。同样，桂树和漆树之被伐、被割，也是因为自身具有可用之材。所有这些对象，均属"有用之用"，这一"有用"的品格，同时也构成了它们受到各种伤害的原因。比较而言，前面提

---

① 郭象："夫画地而使人循之，其迹不可掩矣。有其己而临物，与物不冥矣。故大人不明我以耀彼，而任彼之自明，而付人之自得。"（郭象：《庄子注·人间世》）

到的栎社、"不材之木"等等，却因"无用"而得以自保。由此，庄子引出了"人皆知有用之用，而莫知无用之用"的结论。这里值得注意之点在于其中"无用之用"的论点。这一观念既包含确认"用"的相对性：虽"无用"于彼，却可"有用"于此；也强调了"用"的内在意义体现于人的存在："无用"之"大用"，即表现为对人的存在的肯定。

在《逍遥游》中，庄子曾如此回复惠施："今子有大树，患其无用，何不树之于无何有之乡，广莫之野，彷徨乎无为其侧，逍遥乎寝卧其下？不夭斤斧，物无害者，无所可用，安所困苦哉！"此处同样涉及"用"的问题：大树虽不成材，但却既可免于砍伐，又可作为逍遥之所（"逍遥乎寝卧其下"），其中包含自身之用（"不夭斤斧"）与为人所用（让人逍遥其下）两个方面，前者（自身之用）表现为内在价值，后者（为人所用）则侧重于外在价值。比较而言，本篇对"用"的考察，主要指向存在的内在价值。以"无用之用"为全篇结语，则肯定了存在于"人间世"，需要关注人自身的内在存在价值。

德
充
符

　　本篇所重在内在之德，此种德充实于内，又应于外 ①。
内在之德的充实，与外在形体的残疾支离形成了对照：对庄
子而言，形体残疾支离的意义，在于反衬内在之德的充实和
完美；人之"在"世，则基于人的内在之德。

【原文】

　　鲁有兀者王骀，从之游者与仲尼相若。常季问于仲尼曰：
"王骀，兀者也。从之游者与夫子中分鲁。立不教，坐不议；
虚而往，实而归。固有不言之教，无形而心成者邪？是何
人也？"

---

① 林希逸："符，应也，有诸己则可以应诸外。"（《庄子鬳斋口义校注》，中华书局，1997年，
第 81 页）

【释义】

此段开宗明义，引出了本篇的论题。王骀是鲁之兀者，亦即受过刖刑（断足）的人。然而，此人身虽残疾，但跟随他学习的人数却几乎与孔子差不多。就这一现象而言，当时鲁国的贤人常季特去请教孔子。通过突出其肢体残缺，常季首先彰显了王骀内在德性的充实或完美，由此暗示王骀能够获得和孔子同样多的学生，并不是因为其外在肢体不全，而主要是内在德性使然。在此，外在之形和内在之德彼此分别。后面进一步指出了王骀吸引人的具体方式。所谓"立不教"，也就是学生在其前，他并不教授什么东西；"坐不议"，则是学生围坐于周边，但也不讨论什么论题。"教"意味着传授什么，"议"则是相互之间的切磋讨论，既"不教"，又"不议"，表明远离通常的"教"和"议"。需要注意的是，不管是教还是议，都是借助语言而展开的活动，而所谓不教不议，则超越了语言的中介。尽管"立不教，坐不议"，彼此之间未用语言来展开交流，但受教者都很有收获，所谓"虚而往，实而归"，便表明了这一点。

不借助语言而展开的传授观念的方式，也就是"不言之教"。在庄子以前，老子认为："是以圣人处无为之事，行不言之教。"[①]其中已明确提出"不言之教"。这种方式

---

① 《老子·第二章》。

当然并不仅仅是老子和庄子所主张的,如所周知,儒家也强调不言之教。不过,在儒家那里,不言之教更多地与身教、示范联系在一起,表现为道德上的示范作用。在庄子那里,"不言之教"作为思想表达和传授的方式,则似乎侧重于意会或默会。这里的意会或默会主要相对于借助语言而展开的思想传授方式,与之相关的是"无形而心成"。所谓"心成",包括观念的获得、意念的提升等等。"无形"与"心成"的关联,表明以上过程既非借助"形"之于外的语言传授方式,也非依赖于通过"形"而展开的行为。在此,"不言之教"与"无形而心成"相辅而相成,个体通过超脱语言、不借助行为的领悟,以形成某种观念,提升自己的思想境界。庄子一开始便把王骀的残疾特点提出来,主要是为了衬托出外在之形和内在之德、外在之言和内在之意之间的反差,其总体趋向在于不借助外在之形与言而获得体验和领悟。这里包含两个方面:从知和行的关系来看,知识不借助与"形"相关的行动而形成;从言和意的关系来说,意念的形成也并不以语言为中介。

　　与庄子的以上思想呈现某种关联的是后来的禅宗。从否定的方面说,禅宗强调不立文字;从肯定的方面看,禅宗则主张棒喝、机锋。棒喝借助于"形"、通过某种行动来展现,它在一定意义上涉及所谓肢体语言,这与庄子所说的"无形而心成"似乎有所不同。机锋则是独特的对话,其目标在于由这种对话而达到某种领悟。以机锋为形式的对话常常是非逻辑的，但是通过这种对话，听者会突然获得顿悟：看起来没有任何逻辑关联的问答，会让人或者超出寻常的思维，或者一下子扭转某种思路，豁然贯通。比较而言，在庄子那里，坐而不议、立而不教意味着不借助任何语言（包括肢体语言）。不难看到，庄子所注重的这种方式既不同于儒家，也有别于禅宗。尽管现在通常庄禅合说，但深究起来，仍可注意到它们的分别。

本段对话的最后，对通过不言之教达到"无形而心成"究竟是何种人提出了疑问，由此引出下文。

【原文】

仲尼曰："夫子，圣人也，丘也直后而未往耳。丘将以为师，而况不若丘者乎！奚假鲁国！丘将引天下而与从之。"

【释义】

庄子的以上讨论总体上突出了德和形之间的张力：外形看起来残缺不全，德性却可以非常完美。人的存在往往会涉及内在之德与外在之形的关系问题，对庄子来说，外在之形无论如何丑陋，也不影响人走向完美。在此段，庄子借孔子之口，对前述常季的问题作了具体的回复。他肯定常季所描述者为圣人。当然，需要注意，与前面一样，庄子笔下的孔子并不是历史中的孔子，他主要借助这样一位人物来表达自己的观念。按照这里的描述，孔子以尚未能像常季所述"从之游者"那样前往受教为憾，明确肯定自己将以王骀为师，并认为那些不如自己的人更应如此。由此，他进一步由鲁国而放眼天下："奚假鲁国（何止鲁国）！丘将引天下而与从之。"鲁国还具有局部性、地域性，天下则更为广泛，这里的"天下"，实质上以形象的方式突出了不言之教的普遍意义。

【原文】

常季曰："彼兀者也，而王先生，其与庸亦远矣。若然者，其用心也独若之何？"仲尼曰："死生亦大矣，而不得与之变，虽天地覆坠，亦将不与之遗。审乎无假而不与物迁，命物之化而守其宗也。"常季曰："何谓也？"仲尼曰："自其异者视之，肝胆楚越也，自其同者视之，万物皆一也。夫若然者，且不知耳目之所宜，而游心乎德之和。物视其所一，而不见其所丧，视丧其足，犹遗土也。"

【释义】

这是常季和孔子之间的又一段对话。常季认为，王骀虽是一个受刑之人，但其影响却胜于（旺于）孔子①，能够做到这一点，其内心一定有独到之处。这种独到之处究竟表现在什么地方？庄子笔下的孔子从不同方面对此作了解释。首先，生死是人生的大事，但王骀却并不随生死而变：他的观念已完全超乎生死。这里的超越生死并不是灵魂不灭、达到永生意义上的超越生死，而是面对生死，心中依然坦荡自若。同时，从个体和外在世界的关系来看，即使外面天地翻覆，自身也不会因之失落。生死关乎人自身之变，天地翻覆则是外界的变化，后者同样也不足以撼动他。对于王骀来说，他既无须借助于生，也不必依赖于物，对象的变迁并不意味着他也随之变迁。由此，王骀作为个体所具有的自主性和主导性，也得到了充分的显现。本篇所提及的内外之别，即外在之形的残缺与内在之德的充实之间的差异，在此进一步表现为内在的自主性对外在之物变迁的超越，"不与物迁"，便体现了这一点。"命物之化而守其宗"中的"守其宗"可以理解为既守护自身的存在，又保持自身的主导性。老子也曾提及"宗"："道冲而用之或不盈，渊兮似

---

① 林希逸："王，胜也，言其如此犹胜于先生，则与常人亦远矣。"（《庄子鬳斋口义校注》，中华书局，1997年，第81页）释德清也认为：王，"音旺，言胜也"（释德清：《庄子内篇注》，华东师范大学出版社，2009年，第95页）。与之有所不同，王夫之将"王"理解为姓氏，认为此句意为"兀者而有王先生之称"（参见王夫之：《庄子解·德充符》，《船山全书》第十三册，岳麓书社，1993年，第145页）。钟泰也持类似看法（参见钟泰：《庄子发微》，上海古籍出版社，2002年，第109页）。但揆诸前后文，王、钟之释似于义未精。

万物之宗。"①这里的"宗"与"道"一致，更多地体现了形而上的宇宙原理。庄子所说的"宗"则首先与个体的存在相关，两者具有不同的侧重。联系前面所述，可以注意到："守其宗"同时也折射了具有充实之德的完美品格。一方面，德充之个体超越自身之变，不受生死的影响；另一方面，他又不因物而变，不随物而迁。这两个方面同时又体现了不假于物，亦即不依赖于外在条件。后者是庄子自《逍遥游》提出"无待"之后，一直坚持的观点，事实上，"不假"和"无待"在实质上乃是前后呼应。

对于孔子所论，常季似乎并不十分明白，"何谓也"即是对此提出的疑问，孔子因之作了进一步的回复。这里首先涉及同异关系问题。肝与胆之间距离很近，但从差异方面来看，则两者犹如楚地与越地之相距遥远。与之相对，从"同"这一层面来看，则"万物皆一"，没有差别，后者与《齐物论》的主题"万物一齐"无疑前后一致。从齐物的观点来看，感官所涉及的对象皆为一，不需要具体去分辨哪一个更适合耳目。本来，感官指向的是声色世界："耳"关乎"声"，"目"涉及"色"。这种声色世界所呈现的，是千差万别的形态，如果完全跟着感官走，便只能停留在这样的差别之上。按照庄子的看法，万物齐一才是世界最根本的方

---

① 《老子·第四章》。

面，如果从这一角度去观察世界，则感官所面对的差异性，便可以忽略不论。一旦超越了感官的这种差异性，精神便可悠游于和谐的境界，所谓"游心乎德之和"。"游"所表达的意境十分形象，如同水中游泳，并不限定在某个方面，整个水域都可以贯穿。"游"在此突出了跨越边界、不受某一特定场域限制的特点。"德之和"的"和"则有"合一"之意，较之对立、分歧、差别，"德之和"意味着在精神的层面达到统一与和谐之境。庄子在讨论问题时，常内外兼顾，外部世界和内在精神彼此呼应。内在的精神世界同样可以从万物一齐的观点出发加以理解，并相应地展开为无差别之境，所谓"德之和"，即属这样的精神世界。以"万物一齐"为视域，对事物的变化、得失，就不必加以关切，即使自身之足，也可弃之如土。不难注意到，庄子在此又回到其形而上的基本观点：万物一齐或齐万物。正是以"万物一齐"为基本的出发点，事物的差异，人自身的变化，包括残疾和健全的分别、生死之变，都可以加以忽略。从整个哲学立场来看，庄子更注重世界尚未分化的同一或混沌状态，以上看法可以视为这一观点的引申。

哲学家的不少表述，常常不同于日常生活经验。就日常经验而言，不管是对象的差异还是观念的区分，每时每刻都呈现在人们之前。但对庄子这样的哲学家来说，差异并不是存在的真实状态。《德充符》描绘的人物，往往形体残缺不全，但德性却十分充实和健全。这一反差的前提之一，在于形体的残缺与精神的健全之间可以统一，后者同时基于齐物的原则：从万物一齐的角度来看，形体的差异（健全或残疾）并无真切的意义。

【原文】

常季曰："彼为己，以其知得其心，以其心得其常心。物何为最之哉？"仲尼曰："人莫鉴于流水，而鉴于止水。唯止能止众止。受命于地，唯松柏独也正，在冬夏青青；受命于天，唯尧舜独也正，在万物之首。幸能正生，以正众生。夫保始之征，不惧之实。勇士一人，雄入于九军。将求名而能自要者，而犹若是，而况官天地、府万物、直寓六骸、象耳目，一知之所知，而心未尝死者乎！彼且择日而登假，人则从是也。彼且何肯以物为事乎！"

【释义】

"万物皆一"、"游心乎德之和"意味着无分人与我、己与物。王骀是否已做到这一点？常季对此提出了质疑。具体来说，他认为王骀"为己"，并"以其知得其心"，亦即以知成就自己，这表明他既没有忘却自我，也没有忘却知。同时，他又"以其心得其常心"，表明他没有忘心。老子也曾提到常心："圣人无常心，以百姓心为心。"①这里"常"有恒常、不变之义。所谓"圣人无常心，以百姓心为心"，也就是圣人并非执着于某种成见，而是自然合乎众人的意向。比较而言，"以其心得其常心"中的"常心"则指通常的意识或寻常的观念，它主要表现为一般意义上的精神世界。既然有我，并且未忘知、未忘心，这与通常之人的形态就没有多大差别。精神形态同于常人本身没有什么可以奇怪，但为什么会有这么多的人跟随着他？这是常季的疑问所在。对他而言，真正的圣人应该无我、忘知、忘心。王骀则不仅"为己"，而且肯定自我之知与自我之心，从而，不应该属于境界十分高的人。对此，庄子借孔子之口作了进一步的解释。孔子首先从"鉴于水"谈起，流水不能作为镜子，只有在水止而不流（止水）的情况之下，才能以水为鉴。这是从自然的过程来说。另一方面，水作为众人所用之鉴，并非有意如此：水静而不流，故人们将其视为镜子，这是一个自然而然的过程。这一无意为之的过程，合乎自然的原则，体现了最高境界。后面依然运用比喻的方式，谈松柏及圣人的特质：松柏自立于大地之上，四季常青；圣人受命于天，但又正己以正人。不管是松柏还是圣人，其共同特点是本乎自身，顺乎自然。进一步看，以无畏而言，其根本的确证，在于守护

---

① 《老子·第四十九章》。

其本然的根据或自性（保始）。前面提到的松柏、圣人，都以维护自身之性或内在根据为存在方式。对庄子而言，每一个体都有自身存在的本源，重要的是维护这种内在的存在根据。为了求名邀功，勇士一个人尚且敢于只身冲进敌阵，更何况宰制天地万物者：他以六骸为其寄寓之所，以耳目作为外在的迹象，"一知之所知"，其内在精神始终存在（"心未尝死者"）。"一知之所知"中的"一"可以作为动词来理解，即齐一（整合）知之所知。一个人有不同的观念和精神意向，这是一件很自然的事，按庄子之见，关键在于不能执着于这种不同的观念和意向。更高境界便体现于齐而一之、有而无之。王骀并非完全无知，他与常人不同之处在于不执着于这种观念，更不由此走向成心，而是用齐一的观点来消解已有之知，使之虽有而若无。以齐一或"齐是非"的观点来看待所知的一切，同时使心始终保持自身的活力，"不以生死为念"。这样的品格，自然非前面提及的匹夫之勇所能及。说到底，上述更高境界，具体便表现为"物物而不物于物"①，即主宰万物，而不为万物所支配。

后面提到"择日而登假"，"择日"意味着不确定哪一天，"登假"则可以理解为达到玄妙的境界，从形而上的层面来说，也就是完美的境界。这样的人以自身为存在的根

①　《庄子·山木》。

据，"物物而不物于物"，为他人所追随，亦即"人则从是也"。"何肯以物为事"，涉及物与事之间的区分，其要义在于强调不能以"物"为"事"。"事"表现为人的有意识的活动，广而言之，也就是人之所"为"或人之所"作"。"物"则超乎"事"之外，可以视为尚未为人所作用的对象。在这一意义上，"不以物为事"意味着不以人的活动取代作为自然对象的"物"。前面（《逍遥游》释义）已论及，这一观点与儒家显然不同，在解释物的时候，儒家一再以"事"来解释"物"，庄子作为道家的代表人物，对人为活动则持质疑和否定的态度，反对通过"事"作用于"物"。可以注意到，庄子肯定以人自身为存在的根据，要求对各种差异和区别有而无之。由此出发，自然引出顺乎自然，"不以物为事"①。

回到前面常季的质疑，即：王骀既然还没有忘记自我，也没有忘却自我之心和自我之知，何以被视为已达到理想之境的人格并为人所追随？庄子在这里对此作了实质的回复。从逻辑上说，王骀固然有"知"有"心"，但这种状态同样具有自然性质：他并非有意地执着于某种"知"或某种"心"，而是自然而然地处于这种状态。从总体上说，合理

---

① 成玄英对"彼且何肯以物为事"这一句，作了如下疏解："虚假之物，自来归之，彼且何曾以为己务？"（成玄英：《庄子疏·德充符》）用"以为己务"诠释"事"，无疑注意到了"事"与人的活动的关联，但将与"事"相对的"物"解说为"虚假之物"则显然未能确切把握上述意义上"物"的内涵。

的在"世"原则是以自身为存在的根据，顺乎自然，王骀显然已做到了这一点。这可以视为庄子对王骀存在方式的进一步理解。

【原文】

申徒嘉，兀者也，而与郑子产同师于伯昏无人。子产谓申徒嘉曰："我先出则子止，子先出则我止。"其明日，又与合堂同席而坐。子产谓申徒嘉曰："我先出则子止，子先出则我止。今我将出，子可以止乎？其未邪？且子见执政而不违，子齐执政乎？"申徒嘉曰："先生之门，固有执政焉如此哉？子而说子之执政而后人者也！闻之曰：'鉴明则尘垢不止，止则不明也。久与贤人处则无过。'今子之所取大者，先生也，而犹出言若是，不亦过乎？"

【释义】

申徒嘉是郑国的贤人，子产系郑国大夫，伯昏无人则为假托之人。与王骀一样，申徒嘉也是兀者。按庄子的说法，申徒嘉与郑子产共同师从伯昏无人，但子产不愿意跟一个断足之人同出同进，他一而再、再而三地强调这一点，刻意要避开申徒嘉。当两人同堂而坐时，子产又再次表明了这一点，让申徒嘉不要与他同进同出：他外出时，请申徒嘉先止步，以便形成一个先后的时间差。同时他以执政大臣的身份责备申徒嘉，认为申徒嘉作为残缺之人，看到执政大臣这样地位高的人居然不知回避，似乎企图与他平起平坐。从以上对话中，可以注意到子产的眼界：一是以外形取人（不愿意与形体残缺之人一同进出），二是以政治地位的高下来取人。这一观念体现了贵贱差异之分的取向，它与前面庄子借孔子之口提到的消解差异正好相对。健全或不健全、政治地位的高低，都是差异，前者是外形差异，与自然的形体相关；后者是政治地位上的不同，具有社会分层的意义。在从外在性这一层面去判断人、忽略人的内在规定性这一点上，二者具有相近性。庄子在此首先突出了外在形态与内在规定之间的差别，尽管这里没有具体指出内在规定具体如何，但是从逻辑上看，庄子无疑以人的内在规定而不是外在之形或位为更重要的规定。直接地看，形的差异、位的不同都是在生活中经常遇到的，对以此取人的批评，以万物一齐为前提：从万物一齐的观点看，形体之间的差异，地位之间的区分，都是不值一提的。执着于这种外在的差异，表明尚未达到齐物的境界。

　　前面是子产对申徒嘉的批评，下面则是申徒嘉对子产的回应。申徒嘉认为，老师的门下，难道还有这样的执政者吗？仅仅推崇于自己执政的政治地位而看不起别人，岂不是以地位作为取人的主要标准吗？后面申徒嘉引用了当时流行的一个表述：镜子明澈意味着灰尘无法滞留其上，灰尘一落到镜子之上，镜子就不会光亮了。这表明，镜子远离尘垢是保持自身之明的基本前提。以此类推，在交往过程中，也应该与贤人相处，以此保持自身的清明：与什么样的人交往，就会形成什么样的品格。然而，子产虽然拜在学问和德性都很高的老师门下，却依然说出以上这些话。言下之意，老师平时所教，旨在让人超越以形取人、以位视人的层面，子产学了半天，居然对老师这些基本观念一无所知，岂不枉在师门之下。可以看到，子产以外在的名、位为最高的判断标准，申徒嘉则认为，相对于内在德性而言，名位是次要的。这里不难注意到内外、贵贱之辨：较之子产，申徒嘉总体上以内为本，要求超乎形体、无分贵贱。

【原文】

子产曰："子既若是矣，犹与尧争善。计子之德，不足以自反邪？"申徒嘉曰："自状其过，以不当亡者众；不状其过，以不当存者寡。知不可奈何而安之若命，唯有德者能之。游于羿之彀中。中央者，中地也；然而不中者，命也。人以其全足，笑吾不全足者多矣，我怫然而怒；而适先生之所，则废然而反。不知先生之洗我以善邪？吾与夫子游十九年矣，而未尝知吾兀者也。今子与我游于形骸之内，而子索我于形骸之外，不亦过乎！"子产蹴然改容更貌曰："子无乃称！"

【释义】

对申徒嘉的以上质疑，子产作了回复。在他看来，申徒嘉既然有如此境界，却还想和尧在德性上争高下，这样的品行，难道不需要自我反省一下吗？这一反诘之后蕴含的意思是：申徒嘉尽管看上去超乎形德之辨，却还没忘却名的追求。这就类似于常季批评王骀"彼为己，以其知得其心"。对子产的质疑，申徒嘉作了进一步回应。从当时的社会环境来看，被断了足（受了刖刑）之后，多数人都会去辩解，以表明自己其实不应该被断足。这种人很少承认自己有错。由此引出了一个具有普遍意义的结论，那就是：知道世界上的事情无能为力，不可改变，就只能把它当作命来加以顺从（"知不可奈何而安之若命"）。当然，只有具有德性的人，才可能做到这一点。这里又提到了命的问题。"命"在庄子那里是一个重要的概念，"知其不可奈何而安之若命"，便是他的名言，前面《人间世》中也出现了类似的表述。如前所述，在庄子那里，"命"至少包含两方面的含义：从最一般意义上来说，它表现为某种必然趋向，这种趋向人力无法改变；"命"同时又被视为适然，包含偶然之意。无论是必然还是适然，都与自然相合。与此相联系，"知其不可奈何而安之若命"，一方面以顺乎必然为指向，另一方面则表现为安于适然、合于自然。真正意义上的顺命、安命，相应地意味着既合乎必然，又顺乎自然。前面提到多数人会为自己的遭遇辩解，辩解作为人为之举，显然不同于安之若命。后面提到的后羿是传说中的神箭手。进入后羿这样的神箭手的射程之内，一般都很难幸免。如果在射程之中居然没有被射中，那只能归之于命，这一意义上的"命"处于人的能力之外，超乎人的作用范围。一般的人都容易自得于双足健全，以此轻视、嘲笑断足者，申徒嘉自述在碰到这种情况时往往非常愤慨，但是，一到他老师那里，则怒气全消，他自问：其中的原因是不是因为老师一直以善的观念和正道来启迪他、开导他？他和老师相处十九年，老师从来不以他为断足者，由此，申徒嘉指出：作为老师门下之人，本应该游于形骸之内，超乎形骸之分，不执着于差异，但现在你子产却仍以形取人，"不亦过乎"？也就是说，在与老师相处的这么长的时间中，子产居然没有任何改变，依然执着于世俗之见，根本没有达到那种超乎差别、超乎形体之异的境界，这样未免太过分了。在此，庄子借申徒嘉之口，对内在品格和外在形体的差异作了进一步对照，强调在形和德这两者之间，内在之德更为重要。同时，其中又包含如何对待形体的立场：即使形体处于残缺状态，也应顺乎自然、安于必然。这一观念的前提是，外在之形，往往并不是人所能够自主的：形体是否残缺，无法由个体自身决定，其中有命；不执着于此，便是顺命的体现。质言之，人是否遭遇断足，这是命，人无法选择，但是否顺从这种命，则是人可以选择的。所谓"知其不可奈何而安之若命，唯有德者能之"，便表明了这一点。前面提到的受刑之后曲意辩解、有意而为之，则意味着未能顺命。承认命和安于命体现了两种不同的境界，对庄子而言，知其有命又安之若泰，这才是有德之人的特点。命的必然性、命的自然性和从容安于命在这里相互关联，其中既包含对自然和必然的尊重，也表现出消解人为的取向。

【原文】

鲁有兀者叔山无趾，踵见仲尼。仲尼曰："子不谨，前既犯患若是矣。虽今来，何及矣？"无趾曰："吾唯不知务而轻用吾身，吾是以亡足。今吾来也，犹有尊足者存，吾是以务全之也。夫天无不覆，地无不载，吾以夫子为天地，安知夫子之犹若是也！"孔子曰："丘则陋矣。夫子胡不入乎？请讲以所闻！"无趾出。孔子曰："弟子勉之！夫无趾，兀者也，犹务学以复补前行之恶，而况全德之人乎！"

【释义】

叔山为鲁国地名，居于该地的某个人被砍去脚趾，故称"叔山无趾"。因为没有脚趾，只能用脚跟走路去见孔子，即所谓"踵见仲尼"。在庄子笔下，孔子往往呈现为世俗化的代表，其言语、内容都代表了一般的世俗之见。孔子看到叔山无趾，便批评其为人不谨慎，触犯了刑律，以致被断足趾，现在来到他这里，为时已晚。无趾对此作了如下回应：自己触犯刑律受此惩罚，是因为当时不爱惜自我。从直接的原因来说，受刑主要源于不注重形体，所谓"轻用吾身"，以身试法；同时，对世间各种事物不甚了解。今天来拜访孔子，是因为有较双足更有价值的东西在。足属人的外在形体，与之不同的是人的内在精神，后者可以视为德性的体现，比作为形的足更具有价值，故无趾力图加以保全。天覆盖一切，地承载万物，叔山无趾以此隐喻精神的包容性，认为孔子的精神世界也应当如此，但是却没想到孔子依然持世俗之见。藉由对话中隐含的叙事性内容，庄子首先彰显了形和德的差异，并把内在精神这一面放在更为突出的位置。所谓"有尊足者存"，便旨在表明内在精神高于外在之形。

可以看到，庄子通过形象丑陋、肢体残缺，反衬出内在精神的高贵，通过这种强烈的反差来给人以内在冲击，使之更注重内在精神的价值。当然，注重生命，也是庄子思想的重要方面。从人的存在来说，他所崇尚的自然便突出地体现于生命价值，而生命存在并不是抽象的，它总是以人的形体为具体依托，从这一意义上说，注重生命存在，逻辑上也关联着对身或形体的肯定。然而，形体固然可贵，但在价值层面上更需要关注的是人的内在精神。简言之，从维护生命存在的角度来说，身是重要的；从内在精神和外在之形的比较看，心尊于形。

　　按庄子的描述，孔子在听了叔山无趾之言后，便有所反省，认为自己孤陋寡闻，请无趾赶紧进来，谈谈其见闻和见解。无趾离开之后，孔子教导学生应当勤勉学习：受过刑的人尚且有志于学，以改过从善，何况全德之人。此处体现了儒道两家对德与学的不同理解。"务学以复补前行之恶"，意味着学以从善，学以改过。在引述孔子所说时，庄子抓住了"学"这一孔子思想中的核心概念，也可以说把握了儒家思想的内在特点。学以成人是儒家关注的重要内容，《论语》第一篇为《学而》，《荀子》第一篇则是《劝学》，从先秦儒学的演化来看，其开端（孔子）和终结（荀子）都围绕"学"而展开。庄子没有正面地从道家立场上来谈"学"的内涵，但就庄子本身的思路而言，他所理解的"学"主要不是旨在把握普遍社会规范、接受以礼为中心的一般准则，以此来造就自己，而是与顺乎自然、合乎天性相联系。同样，儒家理解的德与庄子理解的德也相去甚远。儒家所重之德，表现为合乎普遍的社会规范以及儒家所倡导的社会价值系统，庄子所谓的德则以合乎自然为实质的内容。

【原文】

　　无趾语老聃曰："孔丘之于至人，其未邪！彼何宾宾以

学子为？彼且蕲以諔诡幻怪之名闻，不知至人之以是为己桎
梏邪？"老聃曰："胡不直使彼以死生为一条，以可不可为一
贯者，解其桎梏，其可乎？"无趾曰："天刑之，安可解？"

【释义】

这里提到了老聃和无趾的对话。在庄子笔下，老聃、孔
子往往没有如后世所尊崇的地位。按庄子的描述，无趾对
老聃说，孔子大概尚未达到最高的至人境界，不然，他为何
在你面前一直以谦虚的学生样子出现？无趾进而认为，孔子
试图在老聃那里求得奇异的名声，但不知至人作为达到最
高人格境界者，已将名声作为桎梏。言下之意，儒家所追求
的是文明化的名声，而至人应该以自然来消解文明。老聃对
此作了回应，认为最有效的解决方式是持齐一的观念，"以
死生为一条，以可不可为一贯"，即视死生为一，超越可与
不可的分别，由此解除文明的桎梏。按照无趾的看法，孔子
对文明的执着，是自然加给他的惩罚，后者无法解脱，所
谓"天刑之，安可解"便表明了这一点。这里所说的"天刑
之"是隐喻的说法，表明孔子已为天所抛弃，不再是一个具
有完整天性的人。对庄子而言，齐物的观念和回归天性、回
归自然，是同一问题的两个方面。孔子做不到齐是非、齐生
死，这一桎梏也就难以解开。

前面已提到，齐物或齐一的观念源于《齐物论》，在本

体论意义上，"齐一"以齐万物为内涵，旨在消解物与物、生与死之间的差异，齐而一之；在价值论意义上，"齐一"则指向齐是非，其内在要求在于消解世俗的是非纷争以及与礼乐文明相关的外在名声。如果说，"以死生为一条"近于前一意义上的"齐一"或"齐物"，那么，"以可不可为一贯"则体现了后一视域。

【原文】

鲁哀公问于仲尼曰："卫有恶人焉，曰哀骀它。丈夫与之处者，思而不能去也。妇人见之，请于父母曰'与为人妻，宁为夫子妾'者，十数而未止也。未尝有闻其唱者也，常和人而已矣。无君人之位以济乎人之死，无聚禄以望人之腹。又以恶骇天下，和而不唱，知不出乎四域，且而雌雄合乎前。是必有异乎人者也。寡人召而观之，果以恶骇天下。与寡人处，不至以月数，而寡人有意乎其为人也；不至乎期年，而寡人信之。国无宰，寡人传国焉。闷然而后应，泛而若辞。寡人丑乎，卒授之国。无几何也，去寡人而行，寡人恤焉若有亡也，若无与乐是国也。是何人者也？"

【释义】

哀骀它系假托之人。他虽相貌极为丑陋，但却有异乎常人的吸引力。男子与他相处，不愿意离去；妇女与之相见，愿意放弃为人妻，而嫁给他作妾，这样的男女人数不断增加。从其为人来看，哀骀它没有刻意的哗众取宠言论，从不标新立异、提出与众不同的见解，只是附和别人。他既缺乏君主的权势以救人之急，也没有财富来使人果腹，所拥有的，只是丑陋的相貌。所知只在有限的范围（"知不出乎四域"），男女之众却全部被他吸引（"雌雄合乎前"）。鲁哀公听人介绍后便亲自召见了他，一看果然丑得足以惊骇人。但是与他相处，不到几个月就甚为倾慕他的为人，未及一年，就对他非常信服，甚至试图把国家政权委托给他。然而，哀骀它对此完全不以为意，也不愿接受这种权力，当鲁哀公执意要将国家委托给他时，他便离他而去。结果，弄得鲁哀公若有所失，似乎整个国中再也找不到与他可以快乐相处的对象。

这里同样涉及内在与外在的差异问题，但其中又包含使人困惑的问题：前面提到的兀者，尽管形体残缺，但是却有独特的合乎天性的魅力，哀骀它外在容貌奇丑无比，内在方面也别无所长，究竟是什么让他如此吸引人？庄子在此以烘托的方式，显现了以上疑问。事实上，作为哲学家的庄子既善于诗意地说，也擅长叙事地说，通过对人物的形象描述以表达某种观念，并提出内在的哲学问题。

【原文】

仲尼曰："丘也尝使于楚矣，适见独子食于其死母者，少焉眴若，皆弃之而走。不见己焉尔，不得类焉尔。所爱其母者，非爱其形也，爱使其形者也。战而死者，其人之葬也，不以翣资，刖者之屦，无为爱之，皆无其本矣。为天子之诸御，不爪剪，不穿耳；取妻者止于外，不得复使。形全犹足以为尔，而况全德之人乎！今哀骀它未言而信，无功而亲，使人授己国，唯恐其不受也，是必才全而德不形者也。"

【释义】

这是庄子笔下的孔子对鲁哀公的回应。孔子自称曾经出使楚国，碰到小猪在死去的母猪身上吃奶，后来发觉母猪已经没有生命，便弃之而走。由此孔子引出如下结论："所爱其母者，非爱其形也，爱使其形者也。"这里区分了"形"和"使其形"。所谓"使其形"者，一般来说是指生命，可以引申为内在精神：使形体真正具有意义的是内在的生命以及内在的精神[1]。当内在的生命和精神不复存在时，形就失去了意义。

这里涉及形与神之间的关系问题，庄子倾向于两者可

---

[1] 郭象："使形者，才德也。"（《庄子注·德充符》）成玄英："才德者，精神也。"（《庄子疏·德充符》）以"才德"为内容的以上"精神"，具有狭义的形态；宽泛而言，"使其形"的精神显然不限于此，而具有更广的含义。

以相分离，对他而言，所应注重的是使形体有意义的内在生命和内在精神，而并不是形本身。从现实的存在形态看，形和生命存在很难相分，离开了形体，生命将失去依托，精神也无从存在。庄子突出生命、精神的意义，但同时对形与神的关联性似乎有所忽视。

进一步看，按孔子之见，野外战死之人，并不一定要以棺木来埋葬。断足之人不会再爱他此前的鞋子。战死之人，其遗体留在战场，亲人准备再好的棺木对他也没有意义；断足之人，鞋子对他也失去了价值。所谓"皆无其本"，便与之相关。庄子所说的"本"，主要指自然，事物的后续发展，都以自然之本为基础。本是根据。儒道两家都讲本，《论语》中肯定："孝悌也者，其为仁之本与！"①庄子在此通过形象性的描述，也突出了"本"的重要性。

与内在之本相对的是外在之形。按照习俗，国王选妃时，重在自然的形貌，不允许穿金带银、穿耳修指甲。一旦过分地修饰，就显现不出本来容貌。形体健全的人，尚且需注重自然之形，全德之人，更不应该用外在的束缚去加以强制、桎梏。这里侧重的是存在的自然或本然形态，人为的改变，都是对这种自然形态（天性）的破坏。联系到哀骀它，虽然他没有发表什么主张见解，但却为人所信从；虽然没

---

① 《论语·学而》。

有建功立业，但却为人所亲近。同时，还能使人把国家托付给他，生怕其不接受。这样的人一定是内在之才完备，德不形之于外，所谓"才全而德不形"。这里所说的"德不形"，主要表现为非刻意标榜，它所体现的，是本于天性、自然而然的品格，蕴含于其中的，则是自然为本的原则。对庄子而言，正是本于自然，构成了哀骀它如此吸引人的原因。

【原文】

哀公曰："何谓才全？"仲尼曰："死生、存亡、穷达、贫富、贤与不肖、毁誉、饥渴、寒暑，是事之变，命之行也，日夜相代乎前，而知不能规乎其始者也。故不足以滑和，不可入于灵府。使之和豫，通而不失于兑，使日夜无郤，而与物为春，是接而生时于心者也。是之谓才全。""何谓德不形？"曰："平者，水停之盛也。其可以为法也，内保之而外不荡也。德者，成和之修也。德不形者，物不能离也。"

【释义】

这里首先对前面提到的"才全"作了具体解释。庄子首先借孔子之口，提到很多外在的现象，诸如生死存亡、穷达贫富、贤与不孝、毁誉、饥渴、寒暑等等。可以注意到，除了寒暑之外，其余的现象都是与人相关的社会性的变化。按照庄子的理解，从总体上看，所有这些变化，包括对立面之间的相互交替和转化，都表现为自然和必然，并与"命"相关，所谓"事之变，命之行"。这里的"事之变"可以广义地理解为事物的变迁，"命"则包括必然和适然，两者同时又是自然的体现，从而，必然的变迁同时展现为自然的过程，自然和必然在"命"之中合二为一。在庄子看来，这样的变化是持续不断的，同时又是人的认识难以预测的。"知不能规乎其始"，这里的"规"意为"窥"，引申而言则有预测的意思，"不能规乎其始"，表明变化发生的缘由是人无法把握的，"知"的这种有限性，同时避免了外在的变化对内在和谐状态的扰乱：它使内在的精神世界不会随物而知、随知而变。变化主要是外在的东西，与个体相关的和谐则是个体内在的意识状态，庄子在此着重强调不以外在世界的变迁扰乱内在心灵的和谐，肯定精神若始终保持内在的和谐，不因外界变动而变动，便可以让心灵处于和悦的状态。外物的变迁不以人的意志为转移，是人无法左右的既定的现实。人不能完全跳出现实的背景，精神的主导作用既体现于不为外物所迁，又表现为以顺乎自然的方式保持与物的互动，而非违逆事物之性，这也就是所谓"与物为春"。做到以上方面，便意味着"才全"。

可以注意到，对"才全"的如上解释，与前面所述具有相关性。首先是形和德之间的关系。德是内在的规定，其特点在于非形之于外。形与德进一步关乎内与外的关系，庄子一开始以形象的方式，渲染外部世界如何变迁不居，面对这种变迁，心灵本身的安宁，便显得尤为重要。对于人而言，重要的是在面对外在世界的变化时，始终保持内在的和谐，不为外在变动所左右。庄子曾一再提到"和"："心莫若和。"①"夫德，和也。"②"和"是中国哲学中的一个重要概念，但对"和"的理解则各家有所不同。庄子所讲的"和"，主要指精神层面的和谐宁静。所谓"才全"，也是指面对纷繁复杂的外在世界的变迁，始终本于自然，保持内在心灵的安宁，达到"和豫"。相反，如果随波逐流、因物而迁，那就谈不上才全。广义的精神世界也是如此，内在精神世界始终保持自身的和谐，不为纷繁复杂的外在世界所动，这构成了精神世界的主要特点。注重精神世界的自我调节是庄子思想中的重要方面，外在现象世界非个体所能左右，但是个体自身的精神状态如何，则是自己能够决定的。从现实的存在形态看，个体和外在世界、内在精神和外在现实之间往往存在张力，在处理以上关系时，既可以主要是通过改变自己的精神世界以适应外部现实，也可以在改变世界中，使内在精神和外在现实在更高层面上彼此互动。引申而言，人与外在世界的关系总是包括两个方面，一个是如何使人去适应外在世界，另一个是如何让外在世界来适应

---

① 《庄子·人间世》。
② 《庄子·缮性》。

人自身。让外部世界适应人自身,包括使世界合乎人的价值理想,后者主要基于人的现实创造活动,亦即通过实际地改变世界使之合乎人的理想。在注重内在精神调节的同时,庄子对如何实际地改变现实世界这一方面或多或少有所忽视:在内在精神和外在现实两者之中,庄子的侧重之点主要放在精神的自我调节上。

由"才全"的讨论,庄子进一步引向对"德不形"的辨析。何为"德不形"?庄子以"水平"为例作了解释。水之"平",是水完全静止的形态,可以以此作为效法的对象。水保持平,就不会因外在事物(例如风)而荡漾,同样,从其实质内涵来说,"德"所指向的是内在之和,所谓"德者,成和之修也",即表明了这一点。就"德"与"才"的关系而言,作为"德性"的"德"乃是通过顺乎自然的过程而形成的,并相应地带有获得性的特点,比较而言,"才"则表现为本然的存在规定,两者在侧重点上有所不同。按庄子的看法,内在的规定相对于外在形态,具有实质性的意义,"德不形"即把内在的人格之美放在突出的位置。前面提到哀骀它虽然形态丑陋,却能吸引众多的人来追随他,主要便是凭借其内在的人格之美。"德不形者,物不能离"中的"物"并非宽泛意义上的物体,而是指"人";其中的"德"则指内在美德。与之相联系,"德不形"主要通过内与外的区分突出了内在人格完美的重要性,肯定真正意义上的德性体现于这种人格的魅力。这一意义上的"德不形"近于儒家所说的"为己"，其侧重之点在于自身的充实与提高；与之相对的"德之形"则类似于"为人"，其特点表现为做给别人看。正是"德不形"所体现的内在品格，使之能够吸引了他人并为他人所追随（所谓"物不能离"）。在此，"才全"与"德不形"相互呼应，从不同的角度体现了庄子对人的理解。

【原文】

哀公异日以告闵子曰："始也吾以南面而君天下，执民之纪而忧其死，吾自以为至通矣。今吾闻至人之言，恐吾无其实，轻用吾身而亡其国。吾与孔丘，非君臣也，德友而已矣。"

【释义】

闵子即孔子的弟子闵子骞。在与闵子骞的交谈中，鲁哀公提到自己君临天下，执掌国家纲纪，担忧国民的生死，如此勤于执政，应该已经达到执政的最高境界了，但是在听了至人之言后，感觉到自己并没有真正做到以上方面，相反，实际的情形可能是既不重视自己之身，又导致国家走向危亡。同时，他认为自己和孔子的关系不是君臣，而是以德相处之友。这里依然涉及前述的基本原则："德不形。""德不形"意味着不有意地彰显自己的德行，后者不仅体现于个人的行为，而且与治国过程相关。鲁哀公之前勤于执政，属刻意有为，尔后的反思则倾向于无为而治的原则。事实上，前述"轻用吾身"固然包含对不爱惜自己身体的反思，但其更实质的意义在于对全身心的勤于执政这种有意为之的方式的自我批评，而不完全是对毁伤自己之身的自责。对庄子而言，超越有意而为之在个人领域中表现为"德不形"，在政治领域则展开为无为而治。最后鲁哀公以"德友"而非君臣定位自己和孔子的关系，体现的是与儒家不同的思想趋向：在政治领域，儒家强调君臣大义，以上定位则消解了儒家的这种君臣之义。就此而言，这里提出的"德友"同时体现了道家的政治原则。

【原文】

　　闉跂支离无脤说卫灵公，灵公说之；而视全人，其脰肩肩。瓮㼜大瘿说齐桓公，桓公说之；而视全人，其脰肩肩。故德有所长而形有所忘。人不忘其所忘而忘其所不忘，此谓诚忘。故圣人有所游，而知为孽，约为胶，德为接，工为商。圣人不谋，恶用知？不斫，恶用胶？无丧，恶用德？不货，恶用商？四者，天鬻也。天鬻者，天食也。既受食于天，又恶用人！有人之形，无人之情。有人之形，故群于人；无人之情，故是非不得于身。眇乎小哉，所以属于人也！謷乎大哉，独成其天！

【释义】

无脤是肢体残缺之人。他去卫灵公处向他游说，卫灵公很喜欢；看到形体健全的人，反而觉得他们头颈过于细小。一个脖子上长了大瘤的人去齐桓公处向他游说，齐桓公也很喜欢他；看正常人，反而觉得他们脖子太细长。人的内在德性如果完美，其外在形体上的残缺便会被人所淡忘。人所应该追求的境界是忘形而不忘德。如果一个人不忘应当忘的形体，反而忘了不应当忘的德性，那就是真正的遗忘。庄子在《大宗师》中提到"坐忘"，"坐忘"主要是解构已有的知识，其含义与"心斋"相近。这里的"忘"侧重于忘形不忘德，与"坐忘"之"忘"有所不同。"诚忘"作为忘德不忘形的不当之"忘"，具有否定的意义，"坐忘"则呈现肯定的价值。

后边提到圣人的特点，总体而言，圣人的特点是游于自然，知则与自然相对，更多地具有消极意味。约定是对人的束缚，德形于外则表现为交往的手段，专长于某一方面主要是为了通过交易获得利益。圣人不图谋什么，或刻意地去追求什么，故无须知；本来就合乎自然，故无需外在地去约束；本来就有内在天性，故不需要形于外之德；不热衷于交易，故不需要专长于某一方面。不需要知识，不需要约定，不需要形之于外的德性，不需要专长于某一方面，其所有的一切，主要依赖于自然的赋予，这种自然的赋予，也就是天赐之资（天食）。既然人的所有生存之资都是自然所提供的，一切有意的人为便是多余的。可以看到，蕴含于以上议论之后的原则，依然是庄子所坚持的自然原则。最后，庄子讨论了人之形与人之情的关系，主张有人之形，无人之情。"有人之形"，侧重于形之于外的社会品格，因为具有这种品格，故无法离群索居而需与人共在。"无人之情"则与自然（"天"）相关，其特点在于顺乎自然而不执着于是非等分别。一般而言，中国哲学中讲"情"大致包括两个方面，即"情实"与"情感"，庄子也是在两重意义上使用"情"。《大宗师》中有"夫道，有情有信"之语，其中的"情"即指真实性、实在性。本段所言之"情"则关乎情感，并主要以世俗之情为内容，后者同时涉及价值的追求，"无人之情"意味着超越这种价值的追求。总起来，"有人之形"，故难免与人交往；"无人之情"，则要求不执着于此。庄子的基本取向是通过自我价值立场或精神取向的调整来应对各种外在事务。有人之形与无人之情的统一，也就是在人之中而又超越人为。对庄子而言，价值层面渺小的一面，属于人；崇高的一面，则属于天，天人之间，呈现高下之分。这里的"人"主要与有目的之追求相关，表现为价值领域中的人为特征；"天"则以合乎自然为指向，表现为最高的价值之境。

要而言之，此段从"德形之辩"开始，通过"忘"引向价值观上的"天人之辩",最后得出"有人之形,无人之情"的结论。这里肯定人固然有不同的需要,但自然可以满足人的这种需要,从而,在天人关系上,人应当合乎自然,接受自然之所赋,无须通过人之作为去追求需要的满足。讲自然原则,常容易引向疏离人间之序。然而,通过肯定"有人之形"与"无人之情"的统一,庄子同时强调人无法脱离于世,要求在人世之中而超越人为。

【原文】

惠子谓庄子曰:"人故无情乎?"庄子曰:"然。"惠子曰:"人而无情,何以谓之人?"庄子曰:"道与之貌,天与之形,恶得不谓之人?"惠子曰:"既谓之人,恶得无情?"庄子曰:"是非吾所谓情也。吾所谓无情者,言人之不以好恶内伤其身,常因自然而不益生也。"惠子曰:"不益生,何以有其身?"庄子曰:"道与之貌,天与之形,无以好恶内伤其身。今子外乎子之神,劳乎子之精,倚树而吟,据槁梧而瞑。天选子之形,子以坚白鸣!"

【释义】

在以上对话中,惠施首先问庄子人是否无情。庄子的回答是肯定的。惠施进一步发问,如果没有情,如何能称之为人?也就是说,凡人皆有情,没有情还能算是人吗?庄子则认为，道给人以容貌，天给人以外形，岂能说不是人？这里的讨论涉及"何为人"这一问题，而庄子与惠施的以上分歧则在于：人到底有没有情。庄子认为只要有自然给予的形与貌，就可以称之为人，惠施则以是否有情为人之为人的前提；一个偏于情，一个侧重于形。从外在形式看，注重"形"与前面德形之辩似乎有所不同，但如后面将进一步分析的，在内在的层面，两者并非彼此冲突。

随着对话的展开，惠施进一步追问：既然是人，怎么会没有情？针对这一问题，庄子对情进行了分疏，认为惠施所说的情并不是他所说的情，他所说的无情，是"不以好恶内伤其身，常因自然而不益生"。"好恶"表现为价值的取向，"常因自然"则超乎价值的追求；前者侧重人为，后者则合乎自然。这里已展现了对"情"的不同理解：以人为的好恶为取向的"情"，属世俗之情；"常因自然"意义上的"情"，则是自然之情。惠施说的情主要是世俗意义上的情，包含好恶的趋向，从而侧重于情的价值内涵；这种"情"，正是庄子所否定的，庄子所谓无情，表现为对这一类"情"的超越[①]。在庄子看来，与好恶之情相关的价值欲望和价值追求，与自然的原则相背离，并往往会给人带来危害。这样，

---

① 钟泰认为："'无人之情'，情不与常人同也。""'无人之情'者，无情欲之情，非无性情之情也。"（钟泰：《庄子发微》，上海古籍出版社，2002年，第125、126页）这一看法也注意到了庄子对"情"的以上理解。

庄子与惠施关于情的争论，最后又回到了天人之辩。"道与之貌，天与之形"与"不以好恶内伤其身，常因自然而不益生"都是自然而然的过程，比较而言，惠施仍然坚持人为这一价值取向。后面的对话依然沿着以上思路。惠施说，如果不通过人为过程助益自己的生存，人怎么还会有"身"？庄子则重申前述观点，将人的存在视为自然的过程，而非有意地追求"益生"。一切人为的活动都表现为有意为之的价值追求，其结果则是"内伤其身"。在庄子看来，惠施恰恰以此为行为方式："外乎子之神，劳乎子之精"，忙忙碌碌，执着于是非的辨析，论辩间隙才得以倚靠大树而吟唱和休息。天给了他自然之形，惠施却以离坚白之辩标新立异。对庄子来说，这种人为的是非之争，完全背离了自然。

惠施与庄子关于情和形的对话，涉及天与人、自然与人为的辨析。有人之形属天，是自然的过程；与之相对，惠施所说的有人之情，则是世俗之情，属人为。前面已提及，按庄子的理解，只有把有人之形、无人之情（无世俗之情）结合起来，才能达到至人之境。尽管从现实形态看，世俗之情与自然之情经常交融在一起，对二者的严格区分比较困难，但在逻辑上，否定人为之情或世俗之情又以区分二者为前提。

由此可以回溯《德充符》的主题。《德充符》首先描述了形体残疾、丑陋的人物，并突出了德与形之间的张力。形貌的丑陋不影响内在德性的充实，反之，德性的充实不因为形貌的丑陋而失去意义。德与形之间，德处于主导地位："德充"意味着充实内在之德，提升内在之德，以形为从属性的规定，这同时也构成了《德充符》的主题。德与形的引申，是情与形。从形与情的关系看，有人之形，无人之情，表现出重外在之形而轻内在之情的趋向，从而似乎与前面的德与形之辩有张力：在德与形之辩中，内在之德被置于主导方面，而外在之形居次要地位。这里的关键在于，德与情有不同的内涵：如前所言，对于情，需要区分自然之情和人为之情。无人之情主要是无人为之情或无世俗之情，与之相对的自然之情，则仍得到了肯定。形与情之辩不仅涉及内与外之分，而且关乎天与人的分野：人为之情从属于自然之形。相对而言，在德与形的辨析中，庄子主要侧重于内外之分：内在的德性超越外在的形体。继德与形关系的讨论之后，庄子最后回到形与情之辩，这同时意味着回到天人关系这一论题。从天和人之间的关系来看，无论是德与形之辩，抑或情与形的分疏，自然原则始终具有主导性，而对德形关系、情形关系的理解，则都基于自然原则。从这一方面看，庄子的思想无疑又前后一致。

　　《大宗师》涉及"所宗而师"①。逻辑地看，这里既牵连以什么为"宗"，也关乎谁（何人）从事于"宗"。从《大宗师》的具体所述看，所"宗"者，不外乎道，而"宗"道者，则是"真人"。对庄子而言，"真人"所"宗"之道，同时构成了"真知"的真切内容。由此，"宗"道的过程便具体展开为"真人"与"真知"之辩。

【原文】

　　知天之所为，知人之所为者，至矣！知天之所为者，天而生也；知人之所为者，以其知之所知以养其知之所不知，

① 郭象：《庄子注·大宗师》。

终其天年，而不中道夭者，是知之盛也。虽然，有患。夫知有所待而后当；其所待者，特未定也。庸讵知吾所谓天之非人乎？所谓人之非天乎？

【释义】

本段首先提到天人之间的分别。在庄子以前，荀子也曾提出"明于天人之分"[①]，不过，荀子由此突出的是人为（"制天命而用之"）的必要，庄子这里讲天人之分，则强调自然。按庄子的说法，天之所为是自然而然的，人之所为则与之不同。这里区分了"知之所知"与"知之所不知"，前者指经验意义上的一般知识，后者则涉及形而上之知，包括自然之道等。与"人之所为"相关的"养其知之所不知"中的"养"，是一个形象性的表述，包含不背离之意，亦即经验之知不能背离对形而上之道以及天性的认识。如果做到了这一点，就可"终其天年，而不中道夭"。在庄子看来，这就是知的最高境界。从认识论意义上考察，以上看法将自然原则提到了道的地位，突出了合乎自然这一意义。当然，这里并不完全是以天之所为排斥人之所为，而是肯定人之所为不能背离于自然的法则。这一看法与老子一脉相承。老子曾提出"为无为"，其含义并非主张一无所为，而是要求以合

---

① 《荀子·天论》。

乎道、合乎自然的"无为"方式去"为"。同样，庄子明确区分"天之为"与"人之为"，也并不简单地排斥人之所为。

后面"知有所待而后当"中的"有所待"，是指有所依赖，"知"指向一定对象，从而也有所待。只有与对象相一致的知，才发生当与不当的问题。但"所待"的对象又具有不确定性，所谓"其所待者，特未定也"。从"知"的内容来看，总是涉及天与人的区分，但二者常常容易相混：合乎天性的行为，可能被误认为有意而为之，人为的现象，则可能被视为自然，这是因为在现实生活中，天与人的界限并不十分清晰。以上现象从一个侧面反映了认识的困难。

【原文】

且有真人而后有真知。何谓真人？古之真人，不逆寡，不雄成，不谟士。若然者，过而弗悔，当而不自得也。若然者，登高不栗，入水不濡，入火不热。是知之能登假于道者也若此。

【释义】

有真人才会有真知，这是庄子在认识论上的重要命题。这里的"真知"固然有别于一般意义上的经验知识，但也具有认识论的含义，以"真知"为指向讨论"真人"，相应地涉及对认识过程的理解。与康德这样的近代哲学家有所不同，庄子所关注的不是认识展开的先天条件，而是认识的主体本身:"真人"也就是具有"真"的品格之主体,在庄子看来,这种主体构成了真知所以可能的前提。

具体而言,按庄子的以上解释,真人的特点首先在于"不逆寡,不雄成,不谟士"。"不逆寡"既包含对少数的尊重,也意味着主体自身的特立独行,其主张和见解皆非迎合世俗的主流而拒斥少数(逆寡);"不雄成"表明不以强势的方式去有为;"不谟士"则强调不有意谋事[1],庄子在《德充符》等篇章中谈到"圣人不从事于务","不谟士"与"不从事于务"具有一致性。做到以上几个方面,就可"过而弗悔,当而不自得"。对"过"的以上理解,与儒家形成了明显的差异。孔子对"过"的态度是"过则勿惮改";其高足颜回人格的完美性,则体现于"不贰过"[2]。不难看到,以孔子为代表的儒家,对"过"有深刻的反省意识:通过反省避免过失、避免犯同样的错误,成为人格高尚的体现。庄子的观点却与之不同,"过而弗悔",意即有了过失而不后悔,其前提是将过失视为自然而然的事。"悔"本来表现为一种自我谴责的情感,它基于对已发生行为的反省,这种行为通常包括不同可能:除了已选择的这种行为之外,还有其他更好的可能选择,自我本来可以选择这种更好的可能,但最后

---

[1] 王夫之在释"不谟士"时曾指出:"士与事通,不谋事之成败。"参见王夫之:《庄子解·大宗师》,《船山全书》第十三册,岳麓书社,1993年,第157页。

[2] 《论语·学而》,《论语·雍也》。

却没有选择，因此而悔。可以看到，在逻辑上，"悔"既基于自我的事后反思，又以肯定自我在行为上的自主性为前提，后者表明自我具有决定权，可作更好的选择。对庄子而言，一切反思和有意选择都带有人为性质，应加以避免。"当而不自得也"中的"当"可以理解为有所成就，"不自得"意味着即使有所成就，也不沾沾自喜。总起来，不管是"过"还是"当"，都无须执着，可以将其完全看成是自然而然的过程。后面"登高不栗，入水不濡，入火不热"，着重从内在感受这一层面加以描述：即使登凌绝顶、出入水火也能泰然处之，从容应对，一切皆超乎人为，顺乎自然。由此，"真人"便可以达到道的境界，这一人格境界的特点在于与自然为一。

从认识论上看，真人与真知当然呈现更为复杂的关系。庄子所说的"有真人而后有真知"，突出了认识主体在认识过程中的作用，但另一方面，认识内容的积累、发展也会对人产生影响，并由此改变认识主体，扩展主体的知识结构并提升认识主体的能力。在此意义上，也可以说"有真知而后有真人"。就其现实性而言，真人与真知之间存在着互动关系。认识具有过程性，作为主体的"真人"本身乃是处于不断地生成之中，其认识能力也随着真知的丰富、积累而发展。真知与真人之间的互动，体现的是认识主体与认识过程之间的相互作用。事实上，对人的认识的考察可以从不同角度进行，康德之侧重于先天条件、现代西方分析哲学之聚焦于已有知识的分析，便体现了相异的视域。此外，还可以从认识主体和认识过程的互动来考察，庄子的思考便主要涉及后一进路。不过，就其强调"有真人而后有真知"但未能注意"有真知而后有真人"而言，其中又表现出某种思维的单向性。

【原文】

古之真人，其寝不梦，其觉无忧，其食不甘，其息深深。真人之息以踵，众人之息以喉。屈服者，其嗌言若哇。其耆欲深者，其天机浅。古之真人，不知说生，不知恶死；其出不欣，其入不距；翛然而往，翛然而来而已矣。不忘其所始，不求其所终；受而喜之，忘而复之，是之谓不以心捐道，不以人助天。是之谓真人。若然者，其心志，其容寂，其颡頯，凄然似秋，暖然似春，喜怒通四时，与物有宜，而莫知其极。

【释义】

这里对真人作了进一步的描述。首先是睡而无梦。一般而言，"日有所思，夜有所梦"，没有梦说明无思无虑，其蕴含之意是真人与思虑保持了某种距离。同样，白天清醒的时候，真人不会忧心忡忡。思虑、忧虑广义上都属于人为，无忧无虑则合乎自然的过程。引申来说，饮食满足人最基本的生存需要，食而求其甘则是人为的追求。对饮食不求其甘，仅仅果腹而已，这就完全超越了世间的人为欲望。"其息深深"，涉及养生，与道家讲"吐纳"等似乎相关。在真人那里，"其息深深"的前提是没有什么操心之事，其呼其息，非刻意为之，皆自然而然，后者与"天机"具有一致性，呈现为广义上自然的精神形态。"以踵"而息，属于一种控制呼吸的方式。本来这似乎是有意而为之，但在真人那里，它则成了一个自然而然的过程。一旦执着于欲望，自然形态的精神就会失落，论辩时的语塞，便是"耆欲"（执着于欲望，如希望以言相胜）的结果，与之相对的"天机"则体现了广义上的自然形态。可以看到，"耆欲"与"天机"的对峙，表现为人为与自然、天与人的分野。

后面从如何对待生死的角度，对真人作了进一步的考察。生死，关乎人的存在与否，真人既不以生为喜，也不以死为悲；出生的时候并不感到高兴，去世前也不觉得忧伤，不以生死为念，超乎生死之外。同时，真人虽不悦生，但也不刻意忘却生；虽不拒斥死，但也不刻意追求走向死亡。刻意意味着人为，真人则从容而不人为地去追求某种状态，对待生死也自然而然：在生命的延续过程中，忘却生命过程本身。此种态度进一步体现为"不以心捐道"。"捐"有多重解释，一说为"损"，一说为"背"。从上下语境看，这里的含义可能是不以心背离道。对待生死的从容，表现为一种与道为一的态度，从消极方面看，是不违背道；从积极方面说，是不以人助天。对庄子而言，天与人各有其职能。与道为一，意味着既不背离道，也不以人的作用推助自然。

在此段的结尾部分，庄子既描述了真人的心理特征，也进一步展现了其外貌与待人接物的方式。从内在心理层面来说，真人的特点是意向专一。从外貌看，其前额宽阔，相貌堂堂，表情虽冷峻如同秋天，但内心却温暖如春。四季的交替属外在的自然，真人内在的心理状态属内在的自然，然而，在真人那里，内在的自然与外在的自然却合而为一。"与物有宜"指真人与物之间互动一致的状态，"莫知其极"，则意味着真人与自然、外在对象互动展开为一个过程，其间无人为的限定。在《刻意》篇中，庄子进一步从"纯"和"杂"的角度对真人作了描述："故素也者，谓其无所与杂也；纯也者，谓其不亏其神也。能体纯素，谓之真人。"[1]"纯而不杂"与"莫知其极"构成了真人相互关联的两个方面。

【原文】

故圣人之用兵也，亡国而不失人心；利泽施乎万物，不为爱人。故乐通物，非圣人也；有亲，非仁也；天时，非贤

---

[1] 《庄子·刻意》。

也；利害不通，非君子也；行名失己，非士也；亡身不真，非役人也。若狐不偕、务光、伯夷、叔齐、箕子、胥余、纪他、申徒狄，是役人之役，适人之适，而不自适其适者也。

【释义】

从形式上看，此段讲圣人，似乎与前面讨论的主题有所不合，因此有些注释者将这一段理解为误置的片段。这样的处理方式过于简单。如果细加考察，便可以发现，其内容与前文事实上具有相关性。尽管讨论的重心从真人转向圣人，但都涉及庄子所谓理想人格的特点：真人侧重于自然品格的直接呈现，圣人则可以视为理想人格的自然之维在社会活动中的体现。

以用兵而言，圣人可以灭他人之国，但不失去他国之人心，后者同时体现了顺乎民意。圣人做事功在千秋，但并不是出于一种仁爱的价值动机，所谓"不为爱人"："爱"总是体现了人为选择的价值取向，而圣人"泽乎万世"则是自然而然的过程。"乐通万物"中的"乐"虽表现为个人的一种意愿，但其中依然包含有意而为之的态度，圣人则不会出于这类意愿去对待万物。"有亲"意味着有偏爱或偏私，这种行为方式非仁者所取，因为真正的仁者无所偏向。"天时"可作两重解释，其一，通过审时度势而行动，这是有意而为之，故非圣人的行为；其二，"任自然"，这与庄子的整体价值取向大致一致。"利害不通"的具体含义是未能把利和害看作是同一而无实质区分的价值形态，依然执着于利与害的区分；与之不同，君子对利、害等而视之。"行名失己"，即追逐名声而失去自我，如此，则不能被称为"士"。"士"在此与"君子"一样，属理想的人格形态。"亡身不真"，即失去自我不合乎内在之性，由此自我便缺乏主导的品格。庄子列举了传说中和历史上的贤人狐不偕（传说中尧时贤人）、务光（传说中黄帝时贤人）、伯夷、叔齐（均为商代贤人）、箕子（殷纣贤臣）、胥余（伍子胥）、纪他（商汤逸民）、申徒狄（商汤贤人），认为其特点都在于为他人所支配，从而未能真正达到合乎自我之性的圣人境界。从形式的层面来看，以上所述与前文对真人的描述，侧重点有所不同，但基本精神具有一致性，其中的圣人、仁人、贤人、君子、士，都以超越有意而为之、顺乎自然之道为取向。比较而言，真人从更为普遍意义上体现了理想的人格特征，圣人等则通过具体社会领域中人的所作所为以展示同样的人格特征，二者在以顺乎自然为原则这一点上彼此相通。

真人之"真"既具有认识论意义，也表现为一种本体论的规定，在这方面，它与海德格尔所讲的"真"，具有某种相通之处。作为海德格尔哲学重要范畴的"真"，其本体论意义与认识论意义同样相互关联：海德格尔所说的"真"不仅包含"去蔽"或"解蔽"的认识论内涵，而且具有本体论意义,对他而言,"事实上存在就同真理'为伍'"①,这一视域中的"真"同时呈现为一种存在的状态。与之相近,"真人"首先也表现为本体论意义上的存在,认识论层面的"真知",则以本体论意义上"真人"之"在"为前提。当然,在庄子那里,"真人"又具有价值内涵:作为"真知"所以可能的条件,他同时表现为合乎自然的理想人格。

【原文】

古之真人,其状义而不朋,若不足而不承,与乎其觚而不坚也,张乎其虚而不华也,邴邴乎其似喜乎! 崔乎其不得已乎! 滀乎进我色也,与乎止我德也,厉乎其似世乎! 謷乎其未可制也,连乎其似好闭也,悗乎忘其言也。以刑为体,以礼为翼,以知为时,以德为循。以刑为体者,绰乎其杀也;以礼为翼者,所以行于世也;以知为时者,不得已于事也;以德为循者,言其与有足者至于丘也,而人真以为勤行者也。故其好之也一,其弗好之也一。其一也一,其不一也一。其一,与天为徒;其不一,与人为徒。天与人不相胜也,是之谓真人。

【释义】

本段继续通过容貌、品格等方面描述真人的形态。据

---

① 海德格尔:《存在与时间》,生活·读书·新知三联书店,2006年,第246页。

清人俞樾考查，"其状义而不朋"中的"义"（義）与"峨"字在古时为通假字，《天道》篇有"而状义（義）然"，表述相近；"朋"则与"崩"相通①，依此，则此句与后一句合起来即意为真人体态高大而挺拔，看上去好像缺乏支撑，难以承受。同时，真人舒展而空灵，有宽容之貌但又非华而不实，容光焕发，乐观愉悦，虽然形貌高大，但不居高临下，依然谦虚以待物，外貌和蔼可亲，心舒展，胸广大，具有包容性。真人高远而不受各种限定，收敛而不封闭，无思而无虑。

后面庄子以比较的方式，描述了与真人相反的另一种人格形象：以刑为本，以礼义为辅，以知为条件，以德为指向。下文对此做进一步解释，以突出这种价值立场不同于真人的特点。以刑为本，就会引向滥杀无辜。以礼为辅，则旨在适应于世。以知为前提，则很难摆脱各种人为之事。"以德为循"，将引导人遵循道德原则而成为符合道德规范的人。如此而行，如登山一般拾级而上，给人以勤勉之感。这种有意为之的行为，与自然而然、不假人为形成了某种对照。

与以上不同人格形态相应的，是"好之"与"弗好之"的相异价值取向和行为方式，前者"与天为徒"，其行为

---

① 钱穆也曾引此看法，参见钱穆：《庄子纂笺》，九州出版社，2011年，第51页。

方式合乎自然；后者"与人为徒"，其行为方式具有人为趋向。在现实中，有的人与天为徒，有的人与人为徒。不管哪种选择，都表现为一种行为取向，此即所谓"其一也一，其不一也一"。真人以自然的方式对待以上两者，既不以自然原则强加于人，也不干预人的其他选择，这也就是"不相胜"的实际所指。事实上，自然原则贯彻到底，便表现为尊重、顺乎个人的选择，而非强求于人。这同时体现了真人的品格。

【原文】

死生，命也，其有夜旦之常，天也。人之有所不得与，皆物之情也。彼特以天为父，而身犹爱之，而况其卓乎！人特以有君为愈乎己，而身犹死之，而况其真乎！

【释义】

这里又回到生与死的话题。在庄子那里，生死表现为一个有其内在法则的过程，这一过程与"命"相联系，常常是人所无法左右的。在此，他以白天与黑夜的交替为比喻说明这一点：生死之由命，犹如白天黑夜的交替一样自然而然。自然与必然在"命"这一点上相互重合：生死既是一个必然的过程，也是一个自然的过程。"有所不得与"说明人对包含内在法则的生死过程是无能为力的。在庄子看来，这就是事物的真实形态，所谓"皆物之情"。从人的角度来看，人以自然为根据，所谓"以天为父"，即以形象的方式指出人的存在以自然为其根据。然而，一方面人以自然为其根据，另一方面人总是关切自身之"在"，所谓"身犹爱之"，便表现为对自身存在的一种关切。进一步看，"卓"与超越意义上的天道相涉，而按照当时的现实社会情形，君臣关系属基本的人伦关系，君高于每一个体，人则以君为尊，甚至为之献出生命。人对自身尚且知爱，对世俗意义上的君尚且知尊，对终极意义上的"真"（自然之道）就更应该加以关注。

可以看到，按照庄子的理解，在天与人、社会与自然两者之间，重心应该放在自然和天之上。从世俗的角度来看，人倾向于珍惜自身；在政治关系中，人倾向于关注具有较高政治地位的君主。然而，人真正应该加以重视的，是具有本源意义的自然之道。庄子文本中多次提到生死问题，生命是人存在的基本价值，失去生命，则其他一切价值都无从谈起。就此而言，生死对人来说具有根本性的意义；庄子之所以一再提到生死问题，其缘由也在于此。但即使这种对人具有本源意义的过程，同样也服从自然法则（道）。这样，从逻辑上说，对生死的重视应该转向对更加根本的自然法则的关注：生死都属自然现象，生源于自然，死则回归自然，两者都受到自然法则的制约。较之生命存在，自然法则呈现更为根本的意义。

从人生取向看，这里同样包含某种自觉。"知其不可奈何而安之若命，德之至也"，其中便涉及"安命"与"知"的关系：安命与顺从自然一致，它的前提则是"知"，后者表现为一种自觉的意识。在此意义上，顺乎自然也体现了自觉的选择，不同于浑然无知的盲目顺从。当然，这一意义上的自觉与有目的地改变对象又并不相同，其总的取向依然是顺应自然，只是，这种"顺应"取得了自觉选择的方式。

庄子对生与死的以上理解，与儒家显然有所不同。儒家肯定"生生之谓大德"，强调人的生存过程与意义的生成及价值的创造之间的联系，要求通过自觉的努力以成己与成物。对儒家而言，"生"之所以比"死"更为重要，是因为"生"同时表现为价值创造的过程。比较而言，在庄子那里，"生"缺乏价值创造的意义：从总体上看，他更多地侧重于"无以人灭天"，其中包含对人的价值创造的消解。按庄子之见，"生"首先是一个自然演化的过程，它来自于自然又复归于自然。尽管从发生过程看，生在前，死在后，但就价值性质而言，两者没有根本差别，都可归入自然之列。庄子的以上看法亦有别于海德格尔。海德格尔对死也作了较多考察，并试图通过肯定死的必然性和不可改变性，以唤起人对生以及自我价值独特性的重视，由此回归本真的自我。与之不同，庄子侧重于消除世俗对死的恐惧，等观生死或齐生死即体现了这一价值取向。

【原文】

　　泉涸，鱼相与处于陆，相呴以湿，相濡以沫，不如相忘于江湖。与其誉尧而非桀也，不如两忘而化其道。夫大块载我以形，劳我以生，佚我以老，息我以死。故善吾生者，乃所以善吾死也。

【释义】

　　水干涸之后，显出陆地，处于其中的鱼相濡以沫，后一现象隐喻了基于仁道原则的相互关切。然而，在庄子看来，与其如此，不如两者相忘于江湖：江湖中充满了水，不必相濡以沫。江湖表现为自然的存在形态，较之相濡以沫，相忘于江湖更多地蕴含了回归自然状态的要求。二者的以上差异表明，自然原则较之仁道原则具有更原初的意义。与之相联系的是"与其誉尧而非桀，不如两忘而化其道"。初看，这一表述似乎与"相忘于江湖"没有直接的逻辑关联，然而，深入地考察则表明，二者存在着内在的相关性。"尧"与"桀"在此分别表征着正面的价值形态和负面的价值形态，所谓"两忘"，也就是悬置和超越两者的价值差异。这种超越和悬置从另一方面来说即由社会的价值分野回到更本源的自然之道。后面进一步谈到人和大地之间的关联：

"大块"即大地，可以看作是自然的符号化形态。大地承载人的形体，让人在劳苦中生存，在年迈时获得安逸，在死亡来临时得以安息。以生善待自己和以死善待自己是同一个过程的相关方面。此处的讨论依然没有离开自然这一主题：人之生、人之死，都是自然的过程；生来自于自然，死则是回归自然。

可以看到，以自然为指向，以上所述包含三重涵义，其侧重之点则各有不同。"相忘于江湖"，强调回到作为本源的自然之境；"两忘而化其道"，进一步将本源性的存在与超越价值追求上的差异联系起来；最后则引向生死这一终极性问题，肯定生与死都是一个自然的过程。对自然的以上讨论与前述对"真"的讨论具有一致性：回到自然之境，也就是回归原初意义上本真的存在之境。

【原文】

夫藏舟于壑，藏山于泽，谓之固矣。然而夜半有力者负之而走，昧者不知也。藏小大有宜，犹有所遁。若夫藏天下于天下，而不得所遁，是恒物之大情也。特犯人之形而犹喜之，若人之形者，万化而未始有极也，其为乐可胜计邪！故圣人将游于物之所不得遁而皆存。善妖善老，善始善终，人犹效之，又况万物之所系，而一化之所待乎！

【释义】

藏舟船于沟壑，隐山于湖泽①，看起来似乎很安全，但是遇到力大者背起来就走，而昧者浑然不知。也就是说，把某个东西藏在似乎隐秘的地方，依然还会丢失。相形之下，如果藏天下于天下，便不会再发生任何丢失的现象。这里所说的"藏天下于天下"，也就是让事物回到本源处，或者说，使世界上一切对象都存在于其最为本源的地方。这是一种合乎事物本性的存在方式，所谓"恒物之大情"。在庄子看来，像人这样的存在形态，在大千世界中是不可穷尽的，如果因为成为人而高兴，那么可高兴的事又何止千千万万。事实上，从自然的角度来看，人和其他万物并没有根本的区别，与之相联系，人也应内在于自然之中或与自然同在，"圣人将游于物之所不得遁而皆存"，便表明了这一点。归根到底，无可遁之处，也就是自然本身；所谓"一化之所待"，意即自本自根，以自然为存在根据。

【原文】

夫道，有情有信，无为无形；可传而不可受，可得而不可见；自本自根，未有天地，自古以固存；神鬼神帝，生天生地；在太极之先而不为高，在六极之下而不为深，先天地生而不

---

① "藏山于泽"中之"山"，一说读为"汕"，意为"撩罟"（捕鱼工具）。参见钱穆：《庄子纂笺》，九州出版社，2011年，第53页。

为久，长于上古而不为老。狶韦氏得之，以挈天地；伏戏氏得之，以袭气母；维斗得之，终古不忒；日月得之，终古不息；勘坏得之，以袭昆仑；冯夷得之，以游大川；肩吾得之，以处大山；黄帝得之，以登云天；颛顼得之，以处玄宫；禺强得之，立乎北极；西王母得之，坐乎少广，莫知其始，莫知其终；彭祖得之，上及有虞，下及五伯；傅说得之，以相武丁，奄有天下，乘东维、骑箕尾而比于列星。

【释义】

以上所论，可以视为从形而上的层面对道的规定。这里首先提到"有情有信"。前面已提及，"情"在中国哲学中包含两重涵义，一是情实之情，二是情感之情，"有情有信"中的"情"属前者。"情"与"信"相互融合，表明道是一种真实的存在。后面"无为无形"之"无为"，与有意而为之相对，侧重于自然；其中的"形"具有可以用感官来把握的特点，"无形"则表明缺乏可以用感官来把握的属性，在此意义上，"无为"与"无形"分别指出了道的自然性质与超乎感性的品格。"可传而不可受"肯定了道可以达到，但却无法以凝固的方式为人所受。"可得而不可见"对此作了进一步论述："可得"确认了其可以把握的一面，"不可见"则与前面的"无形"相呼应，指出"道"不具有感性属性，无法通过感性的方式（包括直观）加以把握。"自本自根"

与前文"一化之所待"相联系，主要是指"道"以自身为原因："本"与"根"具有根据、根源的意义，"自本自根"意味着道以自身为存在的根据。"未有天地，自古以固存"着重指出了"道"在时间上的无限性：天地有开端，在天地之先，意味着超乎时间上的开端。"神鬼神帝，生天生地"涉及"道"与万物及现实世界的关系：这里的生，强调的是天地以道为源，发端于道。总体上，无论是超自然的鬼帝，还是自然意义的天地，都根源于道；万物的化生，以"道"为本。"在太极之先而不为高"进一步强调了"道"在本体论上的终极意义：太极是最原初或最本源的存在，"在太极之先而不为高"，既肯定了时间上的在先性和空间上的至上（高）性，又隐喻了存在之维的终极性。后面所说的"六极"关乎空间（上下和四方），"在六极之下而不为深"则着重突出了"道"在空间上的无限性。"先天地生而不为久，长于上古而不为老"则再次指向时间，强调了"道"在时间上的无限性。

从言说方式上，以上所论与现代哲学注重逻辑推理不同，主要以叙事、描述为讨论方式。在关于"道"的后续论述中，可以进一步看到这一特点："豨韦氏得之，以挈天地；伏戏氏得之，以袭气母"，如此等等。这里涉及众多传说中的历史人物，庄子以此进一步说明"道"与多样存在形态之间的关联。"豨韦氏"是传说中的远古帝王，他得道后便以此来规范天地。"伏戏氏"即伏羲,得道后即用以调和元气。北斗星得道后,在指示方向上始终不发生差错。日月得道后,终古永恒发光。昆仑山之神(勘坏)得道后,入于昆仑山之中。河神冯夷得道之后,游于大川大河。泰山之神(肩吾)得道之后,内处于泰山。黄帝得道后,登天而化为仙。颛顼得道之后,处于北方之宫。水神禺强得道之后,站在北方之端。西王母得道后,坐于西极山。道在总体上无始无终。彭祖得道之后,生命绵延于漫长的历史过程,上至远古有虞时代,下至春秋的五霸。殷代名士傅说得道之后,成为殷高宗武丁之相,使之拥有天下,骑着或乘坐东维、箕尾两星而列于众星之中。在此,庄子以十分形象的叙事方式展现了道的特点:它本身超越时空,但得道之士又可悠游于时空之中。就形而上的层面而言,以上描述彰显了道内隐于天地万物之中、无处而不在的品格;从描述的具体形态看,其中自然的过程与超自然的过程又交错在一起:"无为而无形"等体现了道的自然过程,后面借助传说中的圣王、历史人物而作的叙述则带有神话的色彩,并呈现超自然的趋向。自然与超自然在庄子关于道的描述中常常交融在一起,这既表现了对自然的过度渲染往往容易走向自身的反面,也为后来道家思想向道教的转化提供了某种前提。

可以看到,道首先表现为一种真实的存在,这种存在不同于感性的对象,无法用感性的方式来把握。它以自身为原因，又构成了万事万物的终极根据；具有时空上的无限性，又内在于多样的事物之中。道自身的作用，乃是通过内在于事物之中而展开，后者不同于超然万物而支配万事万物。在这里，"何为道"与"如何达到道"彼此关联：对道的如上描述，同时蕴含着达到道的方式。前面提到的"心斋"、后面将论的"坐忘"，便要求消解已经获得的经验知识，对理性的方式加以解构，由此，进一步以直觉的方式去把握道。

【原文】

南伯子葵问乎女偊曰："子之年长矣，而色若孺子，何也？"曰："吾闻道矣。"南伯子葵曰："道可得学邪？"曰："恶！恶可！子非其人也。夫卜梁倚有圣人之才而无圣人之道，我有圣人之道而无圣人之才。吾欲以教之，庶几其果为圣人乎？不然，以圣人之道告圣人之才，亦易矣。吾犹守而告之，参日而后能外天下；已外天下矣，吾又守之，七日而后能外物；已外物矣，吾又守之，九日而后能外生；已外生矣，而后能朝彻；朝彻而后能见独；见独而后能无古今；无古今而后能入于不死不生。杀生者不死，生生者不生。其为物无不将也，无不迎也，无不毁也，无不成也。其名为撄宁。撄宁也者，撄而后成者也。"

南伯子葵曰："子独恶乎闻之？"曰："闻诸副墨之子，

副墨之子闻诸洛诵之孙，洛诵之孙闻之瞻明，瞻明闻之聂许，聂许闻之需役，需役闻之於讴，於讴闻之玄冥，玄冥闻之参寥，参寥闻之疑始。"

【释义】

南伯子葵和女偊都是庄子虚构的人物。女偊虽然年迈了，却仍貌如孩童。南伯子葵对此有些不解，便询问女偊何以如此。女偊的回答直接简明：因为他闻道了。这一问答中包含如下寓意：得道（闻道）之后，即使年长，依然可以保留少时的生命力量（如同孩童）。进一步的问题是：道是不是可学？这是一个具有哲学意义的问题。女偊的回答是否定的："恶可"意味着无法学。当然，这并非一般意义上否定道可学，而是针对南伯子葵而发：所谓"子非其人也"，亦即表明他非学道之人。通过女偊与卜梁倚的比照，庄子进一步展开了相关论述。卜梁倚有圣人之才而无圣人之道，女偊则有圣人之道而无圣人之才。与道相对的"才"既表示人从事活动的能力，也指人所具有的禀赋、资质，道则是最高的存在原理。卜梁倚有圣人的资质或能力，是可以教的，但似乎没有成为与道为一的圣人之志向。这里已暗示：仅凭资质、能力不足以得道，把握道同时需要有为道的旨趣。女偊守道，首先置天下以度外，不再以天下为念，之后又不以外物为念，最后，不以生死为念。将生死置之于度外后，便达到了一朝了悟；一朝了悟后，即能见独，这里的"独"近于道，由此可进一步超越历史的变迁，随之而来的是超越生死。古今相对于社会而言，生死则关乎个人的变迁。消解"生"之后也即无所谓"死"，保持生命存在则无所谓再生，这样，生死之间的界线也就不复存在。由此，可以进一步达到既不生成也不毁坏。这样一种超越生死、古今、成毁的状态，意味着让扰乱者归于宁静。在庄子看来，守道与得道，便以超越世间的以上纷扰和变迁为前提。

就道与人的关系而言，以上论述中值得注意之点，首先在于提出了道是否可学这一问题。何为道？这一问题引向对道的规定。道是否可学？属进一步的追问。后者关乎能不能把握道。从逻辑上说，道能不能学，首先在于什么人去学或谁去学的问题，这既涉及人的意识取向，也与广义上的资质、能力等相关。离开了具体的资质、禀赋、意向等，人就显得十分抽象、空洞。当然，人所具有的观念需要经过转化之后，才能体现出来。尽管在庄子那里，关于道是否可学、如果可学其根据何在等问题，尚未从理论的层面做出系统说明，其讨论主要以叙事为方式，但"非其人"的评论已涉及以上问题。同时，"外天下"、"外物"、"外生（死）"等要求，已趋向于悬置关于天下、外物、生死等已有观念。"天下"指整个世界，"物"是世界中的具体对象，"生死"则与特定个体相联系，这三者构成了把握道的相关方面，而外天下、外物和外生死，则被视为学道、得道所以可能的条件。一旦得道之后，便可"无古今"，即从历史上超越古今变迁，后者在个体层面上引向超越生死。由此，庄子再次指向消解生死的界线，即不生不死。超越生死变迁之后，可以进一步消除人为的意图，即超越有意而为之，使生活由纷扰归于宁静（撄宁）。超越生死、趋于宁静，指向的是回归自然，后者既是前述"真人"的内在品格，也构成了学道的前提。在这里，"道是否可学"与"人如何存在"，表现为同一问题的两个方面。

后面通过假托的人名来表达相关的意思。前述内容侧重于"得"，这里则主要关乎"闻"，其要义涉及如何传授的问题。在庄子看来，以上道理首先是从副墨之子，即文字、书册中得到的，副墨之子又来自于洛诵，洛诵即诵读、朗读。洛诵之后是瞻明（明白之鉴）。瞻明之后是聂许（默会）。瞻明之后为需役（有所作为）。需役之后是於讴（歌咏）。於讴之后是玄冥（静思）。玄冥之后是参寥（虚寂）。参寥之后是疑始（渺茫不确定）。从具体的描述过程看，以上都是通过某种名称来隐喻某种传授方式，这种方式首先从间接经验开始，如文献、传闻、传诵等，同时又与直接经验（如实际作为）相关，最后则归本于某种玄思。这一过程表现为感性与理性的双遣，其中暗示着道最终是通过神秘之思而获得，后者与坐忘、心斋具有一致性。

【原文】

　　子祀、子舆、子犁、子来四人相与语曰："孰能以无为首，以生为脊，以死为尻，孰知生死存亡之一体者，吾与之友矣。"四人相视而笑，莫逆于心，遂相与为友。俄而子舆有病，子祀往问之。曰："伟哉！夫造物者，将以予为此拘拘也！曲偻发背，上有五管，颐隐于齐，肩高于顶，句赘指天。"阴阳之气有沴，其心闲而无事，跰𨇤而鉴于井，曰："嗟乎！夫造物者又将以予为此拘拘也！"

【释义】

　　本段以子祀、子舆、子犁、子来四人对话的方式表达庄子的相关观念。从形而上学的层面看，"以无为首"，意味着将"无"理解为第一原理。生死属于价值领域的问题，同时，生意味着开端，死意味着终结，从而具有时间性。"以生为脊，以死为尻"，既意味着将生死看作自然的现象，也将其与空间联系起来："脊"与"尻"属人体的不同空间部位。在此，庄子既将时间空间化，又将空间时间化。由此，进一步以生死存亡为一体，消解其间的区别。子祀、子舆、子犁、子来在上述观念上形成共识，结而为友。这样，确认"无"的原则和超越生死，构成了人与人之间交往的前提。

　　造物者，在此指自然而非有意识的人格之神。子舆患病，自认为是造物者作用的结果。在此作用下，患者形成蜷

缩不舒展的存在形态：背上的骨头显现于外，五脏的脉管向
上呈现，脸颊在肚脐之上，背后的头发朝向天，整个人处于
丑陋畸形的形态。但对子舆自己来说，这种常人所难以忍
受的身体变化，乃是自然变迁的结果。阴阳之气，对人身体
会造成伤害。前文描述的是相对于常人而言的一种扭曲的
状态，与之相联系，在常人看来，阴阳对人的外形体貌也具
有否定的意义，但按庄子之见，即使这种否定过程，也具有
自然的性质，而且，处于其中的人内心依然可保持悠闲的状
态：子舆虽处于如此畸形的形态，依然蹒跚前往井边照鉴
（"跰𧿹而鉴于井"），并很从容地赞叹造物者。总之，面对
外形的畸形变化，内心可以依然保持从容而悠闲的状态。

庄子通过外在之形与内在意识的以上对照，旨在说
明，任何形态的变化都是一种自然而然的过程，作为造物
变迁的结果，它们完全合乎自然：从"生死存亡"，到形体之
变，人的衍化都非处于自然之外。正因如此，面对这一类变
化，内心无需有任何忧虑不安。

【原文】

子祀曰："汝恶之乎？"曰："亡，予何恶！浸假而化予
之左臂以为鸡，予因以求时夜；浸假而化予之右臂以为弹，
予因以求鸮炙；浸假而化予之尻以为轮，以神为马，予因以
乘之，岂更驾哉！且夫得者，时也；失者，顺也，安时而处顺，

哀乐不能入也。此古之所谓县解也，而不能自解者，物有结之。且夫物不胜天久矣，吾又何恶焉？"

【释义】

庄子借子舆之口，表达了把人体的变迁与外部自然的变化融合为一体的观念。人与自然之间没有严格的界限，作为自然现象的人体，各部位可以转化为其他的存在形态。左臂化为鸡，可以用来报时；右臂化为弹弓，可以用来获取鸮，如此等等。总之，外部世界的各种对象和人体之间可以相互转换、相互过渡。身体的畸形变化通常被视为具有否定的意义，这里则肯定这种似乎具有否定意义的形体变化，实际上包含正面的意义。从更为内在的方面看，消极与积极的意义都涉及价值判断，属"以人观之"；自然则超乎价值，属"以天观之"。

"得"，主要指获得生命，作为自然过程，人之获得生命是时间条件作用的结果；"失"指失去生命，也是自然的过程，人所应做的是顺应这一自然变化，"安时而处顺"，如此就不会因为生死而引发哀乐之情。"时"具有偶然性，"命"包含必然性，"安时而处顺"意味着既适应偶然，也顺乎必然。一旦能做到以上方面，便可得到解脱（悬解）。世俗之人之所以未能解脱，根源在于受到外物的束缚。从更一般的角度来说，事物的变迁无法违逆自然趋向，"天"

便指这种过程的自然性质，所谓"物不胜天"，则是世间一切存在，包括人，都无法背离自然的变化趋向。如果说生死问题主要关乎人生观，那么"物不胜天"则涉及广义的宇宙观，人生观乃是以宇宙观为依据。从自然变迁的角度看，对自身形体的变化，又有什么好怨恨或厌恶的呢？人所能做的就是"安时处顺"。世界纷繁复杂，从中解脱出来，不是一件容易的事情。庄子一直关注于人追求解脱的精神需求，在他看来，解脱的前提是超越生死之念以及与之相关的哀乐之情。前面对生命存在形态如畸形、变化的讨论，离不开生死的主题。进一步说，超越生死，乃是基于广义上的"以天观之"，亦即以自然的视域考察世间万物。

【原文】

俄而子来有病，喘喘然将死，其妻子环而泣之。子犁往问之，曰："叱！避！无怛化！"倚其户与之语曰："伟哉造物！又将奚以汝为？将奚以汝适？以汝为鼠肝乎？以汝为虫臂乎？"

【释义】

此段仍涉及生死问题。子来得病，将要死亡。这表明，前述所谓超越生死，主要只是一种观念上的态度，而非肉体的永恒不朽。子来的妻子缺乏超越生死的观念，故看到子来将死，悲恸而哭。子犁对此进行斥责，认为无需担心变化。对子犁来说，走向死亡意味着参与自然的循环，由此出发，他对子来提出如下问题：造物将把你变成什么？将把你带往何处？让你变为鼠肝，还是昆虫之臂？庄子在此以形象的文字，把人与自然的互动，看作是一个彼此循环的过程。

以自然的观念看待生命、身体，近于老子所谓"天地不仁，以万物为刍狗"①，但与儒家的"人禽之辨"形成了明显的差异。儒家强调人与其他存在的区别，"人禽之辨"即旨在辨析这种差异。庄子则上承老子，认为人与自然并无根本不同：鼠肝、虫臂作为动物器官，本来属于与人不同的存在形态，但按庄子之见，人却可以化为这些对象。在此，"等观天人"与"人禽之辨"构成了一种对照。

【原文】

子来曰："父母于子，东西南北，唯命之从。阴阳于人，不翅于父母，彼近吾死而我不听，我则悍矣，彼何罪焉！夫大块载我以形，劳我以生，佚我以老，息我以死。故善吾生者，乃所以善吾死也。今大冶铸金，金踊跃曰'我且必为镆铘'，大冶必以为不祥之金。今一犯人之形而曰'人耳人耳'，夫造化者必以为不祥之人。今一以天地为大炉，以造化为大冶，

---

① 《老子·第五章》。

恶乎往而不可哉！"成然寐，蘧然觉。

【释义】

子女对于父母，无论何时何地都要唯命是从，这是礼制之下的社会状况，属事实性描述。引申而言，人与自然的关系，无异于子女对父母的关系，子女对于父母之命都需听从，人对于自然也应该如此。"夫大块载我以形，劳我以生，佚我以老，息我以死。故善吾生者，乃所以善吾死也。"这些表述在前文已出现，这里重出，意味着再次强调人生是个自然过程。在庄子看来，刻意地追求某种形态（"我且必为镆铘"），表明执着于人为的目的，这与自然的过程格格不入。同样，在成为人之后，如果试图突出"人"不同于其他存在的特殊品格（"人耳人耳"），也将呈现否定性的品格（成为"不祥之人"）。与之相对，若以天地为熔炉，以自然为大匠，则可以进入自由（自然）之境，所谓"恶乎往而不可"，便隐喻了这一点。一旦人意识到这点，自己的精神世界便可归于宁静。"成然寐，蘧然觉"可以看作是"安时处顺"的形象化描述。

这番议论是针对子来将死而发，需要联系子祀、子舆、子犁、子来四个人之间的交往来理解。四人的对话发端于"以生死为体"，这是主题。超脱生死的前提，便是认识到外部世界和人自身的变迁都是自然的过程，由此达到"安时而处顺"的心境。

【原文】

　　子桑户、孟子反、子琴张三人相与友，曰："孰能相与于无相与，相为于无相为？孰能登天游雾，挠挑无极，相忘以生，无所终穷？"三人相视而笑，莫逆于心，遂相与为友。

【释义】

　　子桑户、孟子反、子琴张系假托之人，庄子这里借此三人的对话来说明交友的问题。"相与于无相与"是以非交往的方式来交往，它不同于刻意地交往，类似后世所说君子之交淡如水。"相为于无相为"则是不以互动的方式达到互动，这与老子"为无为"属于同一类观念，即不以刻意的方式去互动。"登天游雾，挠挑无极"，即登天游于空中，辗转于无限之境。"相忘以生"即超乎生死，这是整篇《大宗师》反复提到的主题。所谓"无所终穷"，也就是在参与自然的永恒循环过程之中，忘却生死。以此为共识，便可以相互交友。"相视而笑，莫逆于心"，表明彼此的这种相互理解，无需言说。当然，一般意义上的共识需要经过"一致而百虑"的过程，但这里的共识并非如此，它的获得主要基于直觉的方式，其中或多或少带有某种神秘性。

莫然有间，而子桑户死，未葬。孔子闻之，使子贡往侍
事焉。或编曲，或鼓琴，相和而歌曰："嗟来桑户乎！嗟来
桑户乎！而已反其真，而我犹为人猗！"子贡趋而进曰："敢
问临尸而歌，礼乎？"二人相视而笑，曰："是恶知礼意！"

子贡反，以告孔子曰："彼何人者邪？修行无有，而外
其形骸，临尸而歌，颜色不变，无以命之。彼何人者邪？"
孔子曰："彼，游方之外者也；而丘，游方之内者也。外内
不相及，而丘使女往吊之，丘则陋矣。彼方且与造物者为人，
而游乎天地之一气。彼以生为附赘县疣，以死为决疣溃痈。
夫若然者，又恶知死生先后之所在！假于异物，托于同体，
忘其肝胆，遗其耳目，反覆终始，不知端倪，芒然彷徨乎尘
垢之外，逍遥乎无为之业。彼又恶能愦愦然为世俗之礼，以
观众人之耳目哉！"

【释义】

作为庄子所虚构的人物，子桑户、孟子反、子琴张的行
为方式和对死亡、礼的理解，都与孔子、子贡所代表的儒家
相异。对他们而言，死亡意味着回归自然（"反其真"），因
而当子桑户死后，孟子反、子琴张不仅没有举行具有悲悼意
义的仪式，而且编曲鼓琴，临尸而歌。儒家显然无法接受这
种观念，子贡"礼乎"的质疑，便表明了这一点。对孟子反、

子琴张而言,礼是合乎自然的形式,而对以子贡为代表的儒家来说,礼主要是一种社会规范,前者注重合乎自然,后者强调规范自然,这里蕴含了儒道两家对礼的不同理解。根据庄子笔下之孔子的解释,这里存在"游方之外"与"游方之内"的分别。"游方之内"指礼乐社会之内,"游方之外"则主要指礼乐社会之外。前者表现为孔子所代表的儒家取向,后者则体现了道家的思想进路。在对"礼"的理解方面,道家将"礼"视为合乎自然的形式,儒家则把"礼"主要看作是一种规范自然的社会准则。合乎自然趋向于人和自然的合一,所谓"游乎天地之一气";规范自然则以化天性为德性为指向,它所体现的是所谓"世俗之礼"。与自然合一而"游乎天地之一气",便可把生看作身上的赘肉,把死视为溃烂的毒疮。生死没有区别,就如同赘肉与毒疮没有根本性的差异。忘却生死的进一步引申,是内忘肝胆,外忘耳目,由此参与自然的永恒循环过程,不再区分事物的开端与终结,彷徨于尘垢之外,逍遥于无为之境。"世俗之礼"仅仅示之于外("以观众人之耳目"),方外之士则不会拘泥于这种世俗之礼。方内与方外的以上分野既表现了价值取向上的不同,也展现了人格及其行为方式的差异,其中"反其真"之"真"与"真人"之"真"具有相通性,对"反其真"的肯定,则进一步将合乎自然与"真"联系起来。

【原文】

子贡曰："然则夫子何方之依？"孔子曰："丘，天之戮民也。虽然，吾与汝共之。"子贡曰："敢问其方。"孔子曰："鱼相造乎水，人相造乎道。相造乎水者，穿池而养给；相造乎道者，无事而生定。故曰：鱼相忘乎江湖，人相忘乎道术。"

【释义】

"何方之依"与"敢问其方"中的"方"既涉及区分"方外"和"方内"的依据，也在引申的意义上关乎得道的方式。孔子认为自己是"天之戮民"，亦即是被天所惩罚的人，但仍勉力探索其"方"。鱼彼此在水中相处，而人则是在道的基础上相互交往。在水中相互交往，以池水的存在为前提；基于道的共处，则以"无事"为条件。"事"指人之所为，"无事"，也就是放弃有意而为。在庄子看来，人的存在是一个自然过程，后者与"事"无涉。值得注意的是，这里特别突出了"忘"："鱼相忘乎江湖，人相忘乎道术。"宽泛而言，这里的"忘"既意味着悬置或不执着于某种对象或存在形态，也指超越有意而为之。鱼悠游于水中，彼此不复执着，所谓"相忘"即就此言。前面在谈到人与人之间的交往时，庄子已以鱼为喻，指出："相濡以沫，不如相忘于江湖。"其中同样包含对刻意地基于某种关切而展开彼此交往这种存在方式的否定。与之相关的是"与其誉尧而非桀，不如两忘而化其道"，后者强调顺乎自然而扬弃某种价值原则或价值观念。在道的基础上超越人之所为或有意而为之所指向的，便是合乎自然之境。与"无事"相对，儒家一开始即重视"事"，孟子所谓"必有事焉"①，便强调以"事"为成就自我的前提。庄子在这里则借孔子之口，表达了道家的立场：如前所述，"无事"构成了道家的基本主张。就"事"和"物"的关系而言，儒家趋向于以"事"来解释"物"，道家则强调"不以物为事"，认为基于道，人生即可超乎人为而体现其自然的过程，所谓"无事而生定"。由"无事"而"相忘乎道术"，表现为由消解"事"而悬置对道的刻意追寻，后者以否定的形式提示了人应如何把握道。

【原文】

　　子贡曰："敢问畸人。"曰："畸人者，畸于人而侔于天。故曰：天之小人，人之君子；人之君子，天之小人也。"

【释义】

　　畸本来指区分、差异，这里表示与众不同。畸人具有什么特点？孔子从天人关系的角度作了考察，将其规定为与人

---

① 《孟子·公孙丑上》。

相异而合于天。从天的角度来说是小人，从人的角度看可以视为君子。反之亦然。天人之辩，是庄子讨论各类问题的出发点，这里依然没有离开这一基点。从价值的层面看，天人之辩的背后涉及不同的价值原则。合乎天，意味着以自然为原则；合乎人，则表现为从人道的原则出发。如果与自然原则相合，就是"天之君子，人之小人"，反之，合乎人道原则，则是"人之君子，天之小人"。对庄子而言，小人君子之分，与合乎何种价值原则相关，其规定具有价值内涵；与之相关的判断，也属广义的价值判断，而不同于狭义上基于善恶区分的道德判断。从表述上看，这里仅仅论及"人之君子"，而没有提到"天之君子"，但联系庄子在本篇中的整体思想，可以将前述与天为一的"真人"，理解为实质意义上的"天之君子"。这一意义上的"天"或自然，主要表现为一种价值取向。

【原文】

颜回问仲尼曰："孟孙才，其母死，哭泣无涕，中心不戚，居丧不哀。无是三者，以善处丧盖鲁国，固有无其实而得其名者乎？回壹怪之。"仲尼曰："夫孟孙氏尽之矣，进于知矣，唯简之而不得，夫已有所简矣。孟孙氏不知所以生，不知所以死。不知就先，不知就后。若化为物，以待其所不知之化已乎！且方将化，恶知不化哉？方将不化，恶知已化哉？吾特与汝，其梦未始觉者邪！且彼有骇形而无损心，有旦宅而无情死。孟孙氏特觉，人哭亦哭，是自其所以乃。且也相与吾之耳矣，庸讵知吾所谓吾之乎？且汝梦为鸟而厉乎天，梦为鱼而没于渊。不识今之言者，其觉者乎？其梦者乎？造适不及笑，献笑不及排，安排而去化，乃入于寥天一。"

【释义】

以上对话，缘起于有关"丧"的看法。孟孙才是鲁国人，在其母亲死了后，哭泣无泪，心中不悲痛，居丧的时候也不悲哀。虽然这样，此人居然还以善于居丧而闻名于鲁国。对此颜回提出了疑问：无居丧之实为何却有居丧之名？对于儒家来说，丧事需以礼而行，除了形式安排之外，丧事同时也内含实质性的要求。颜回的疑问在于，孟孙才这个人既没有办丧事之形式，又缺乏实质性的情感上的反应。按《论语》的记载，孔子与其学生宰予曾围绕"三年之丧"展开对话，宰予提出"三年之丧"时间久了些，孔子则认为："夫君子之居丧，食旨不甘，闻乐不乐，居处不安，故不为也。"[1]其中侧重的是内在的情感反应：父母去世以后，为人子者饮食而不甘，闻乐而不觉悦耳，这些都是内在情感的自然反应，基于此的三年之丧体现了丧礼的实质方面，颜回

---

[1] 《论语·阳货》。

的质疑也以之为前提。

在庄子笔下的孔子看来，孟孙才这个人表面看没有什么反应，实际上对丧事的理解非常透彻，"尽"便包含彻底之义。处理丧事基于对生死的理解，丧是生的终结，涉及对死的看法。对庄子而言，死无非是回到自然，正如生是来自于自然，这样，对死后的丧事，也可以自然的方式从简处理。孟孙才以此处理丧事，已经超乎世人的态度。"不知所以生，不知所以死"，即对生的目的、死的原因都不去追问，将其完全看作来自于自然、回到自然的现象。与之相联系，不就先不就后，也就是既不求生，也不畏死，完全以自然的态度对待生死。从更广的视域看，在化为某物时，无法预知后续的变化结果；在将变的时候，无法知道尚未变化的整个状况；在未变时，无法知道已变的情况。更进一步说，对话的双方是不是依然处于梦境、尚未醒来？梦与觉之间的界限，也并不十分清楚。后面涉及形与心之间的关系：形可以有剧烈的反应和变化，但内在之情可以依然平静如水，似乎没有受到任何的伤害和影响。在此意义上，形与心可以互相分别，心有自身相对稳定的一面，不一定完全随着形而发生变迁。在相互交往的过程中，交往双方都有一个"我"，所谓"相与吾之耳"。但是，"庸讵知吾所谓吾之乎？"即如何知道我确认的"我"的真实形态。这是一个很有哲学意味的问题，它涉及所谓"自我认同"问题。交往过程以自我（"吾"）为出发点，但这个自我（"吾"）到底是什么？在《齐物论》中，庄子提到了"吾丧我"，其中关乎"吾""我"之分。何为我？这是一种哲学的追问。从西方思想的演化来看，自休谟以来一直讨论这一类问题，中国的佛教、儒学也讨论相关的问题，所谓"无我"之说便涉及此，但这一看法（"无我"）趋于从消极的方面理解"我"。比较而言，"吾丧我"之中则蕴含了两个不同的"我"，即"吾"与"我"，"我"虽丧，"吾"还在。"吾"可以视为自我的另一种表述。宽泛而言，庄子所理解的"我"至少包含两重形态，其一是由社会文明所塑造的社会化的"我"，其二是合乎天性的"我"。他固然试图消解社会化、文明化的"我"，但同时这种消解又以肯定合乎天性的"我"为前提。当然，在此，庄子主要提出了何为"我"的真实形态这样的问题。

后面又提到"梦"与"觉"之间的关系。梦中为鸟，飞翔于天；梦中为鱼，游于深渊。相关主体究竟是觉者还是梦者，其中的界限也并非清楚可辨。在日常经验中，人忽然处于十分舒适之境，还来不及以笑形之于外。发自内心的笑无法事先刻意地安排：笑是自然而然的过程，刻意为之的笑，是假笑而不是真笑。通过不依赖于人为、不依赖于有意安排的自然过程，便可进入寂寥纯一的自然之境。

以上对话发端于关于丧事的话题，但讨论的内容已经超出这一范围。整体上的基调依然是回归自然、超越世俗和有意而为之，包括超乎世俗之知。从丧事来说，"丧"源于生死，后者是一个自然的过程。从更广的意义看，万物的变迁也是一个自然过程。就社会领域而言，大道至简，故应超乎繁文缛节，这种超越是基于对自然的认识，而非刻意为之、为简而简。从哲学的角度来看，这里同时涉及"自我认同"的问题。何为我？我是谁？这样的问题很有哲学的意味。最后，庄子又把梦觉之分提到了重要位置。梦境与现实之境如何区分？这里内含如何理解人的现实存在的问题。

【原文】

意而子见许由，许由曰："尧何以资汝？"意而子曰："尧谓我：汝必躬服仁义而明言是非。"许由曰："而奚来为轵？夫尧既已黥汝以仁义，而劓汝以是非矣，汝将何以游夫遥荡恣睢转徙之涂乎？"意而子曰："虽然，吾愿游于其藩。"许由曰："不然。夫盲者无以与乎眉目颜色之好，瞽者无以与乎青黄黼黻之观。"意而子曰："夫无庄之失其美，据梁之失其力，黄帝之亡其知，皆在炉捶之间耳。庸讵知夫造物者之不息我黥而补我劓，使我乘成以随先生邪？"

【释义】

意而子与许由都是传说中的贤人。所谓"躬服仁义而明言是非"，也就是以仁义为行为的规范，在言说过程中明于是非之辩。仁义是普遍的社会规范，是非则涉及价值上的正确与错误，两者都不同于自然，而与文明的演进相涉。对庄子而言，仁义、是非作为文明社会的存在，意味着背离自然，后者同时表现为对人的束缚、惩处，所谓"黥汝以仁义，而劓汝以是非"，便形象地表明了这一点。黥本义指一种刑法，意谓在脸上刺字；劓也是一种刑法，指割掉鼻子。以仁义、是非为黥与劓，突出的是前者对人的否定意义。按庄子的理解，背离了自然的仁义规范、是非之辩，使人难以真正达到逍遥之境。在这里，束缚与逍遥构成了一种对照，儒家所推崇的价值原则（仁义等）和道家所崇尚的逍遥之境的分别，也得到了彰显。

意而子尽管受到儒家规范的制约，但还是希望放弃已经接受的儒家那一套原则，与许由游于逍遥之境。许由则回绝他：盲人无法欣赏不同的色彩，瞎子难以区分花纹。意而子引用了如下传说中的历史人物，对此做出了回应。无庄，传说中的美男子；据梁，传说中的大力士；黄帝，传说中的圣王，以智慧见长。通过自我陶冶，他们分别忘却了自己已有的美貌、力量、智慧。这就表明：即使先前受到某些影响、具有某种规定，依然可以经过改变而回复自然之道。既然如此，怎知造物者不会平复黥刑留下的伤痕，补上劓刑造成的损缺，最后让他与许由同游自然之境。意而子的言下之意是，他虽然受到仁义的影响，但仍可回复本然状态，跟随许由继续求道。

这里首先把儒家的那套规范系统看作是对人的束缚和否定，并肯定尽管曾经受到过儒家的影响，但通过自我改造，可以放弃已有的价值系统，由此进入求道的过程。其中具体的改变途径，则涉及后面将要讨论的"坐忘"，后者的核心在于消解已有的知识经验和价值观念。

【原文】

许由曰："噫！未可知也。我为汝言其大略。吾师乎！吾师乎！齑万物而不为义，泽及万世而不为仁，长于上古而不为老，覆载天地、刻雕众形而不为巧。此所游已。"

【释义】

此段是意而子与许由对话的延续，主要是许由对意而子的回复。"为义"、"为仁"，也就是出于"义"和"仁"而做某事。"齑万物而不为义"，首先涉及万物的互动变迁，"不为义"表明这种变迁并非基于某种当然之则。引申而言，就人与物的关系来说，"不为义"意味着人不是在某种规范的引导下作用于物。"泽及万世而不为仁"，关乎社会领域的活动：给予世世代代以恩泽，并不是有意识地出于仁道的规范。从本体论的意义看，自然虽然在时间上永恒延续，但这并不是为了显示自己的恒久而刻意为之，所谓"长于上古而不为老"，便表明了这一点。同样，万物的分化，众形的生成，也并不是为了显示自然本身之"巧"。这里讨论的四个方面，其共同点在于疏离人为、超越有意为之、拒绝目的性的追求。不难注意到，这里的"吾师乎"，意味着以自然为师，而以自然为师与以道为师又彼此一致：道的运行方式即顺乎自然（道法自然）。

【原文】

颜回曰："回益矣。"仲尼曰："何谓也？"曰："回忘仁义矣。"曰："可矣，犹未也。"他日复见，曰："回益矣。"曰："何谓也？"曰："回忘礼乐矣。"曰："可矣，犹未也。"他日复见，曰："回益矣。"曰："何谓也？"曰："回坐忘矣。"仲尼蹴然曰："何谓坐忘？"颜回曰："堕肢体，黜聪明，离形去知，同于大通，此谓坐忘。"仲尼曰："同则无好也，化则无常也。而果其贤乎！丘也请从而后也。"

【释义】

在本段中，庄子借颜回与孔子的对话，以阐发其关于"坐忘"的思想。"回益矣"之"益"，本义为增加或提升，然而，庄子在此却借颜回之口，将其与"忘"联系起来，后者以消解、退隐为实质内涵，其特点在于有而无之，亦即将已融合于主体精神世界并入主其中的内容加以消除。仁义是儒家所主张的基本社会价值规范，所谓"忘仁义"，意味着消解传统伦理的影响。相对于仁义，礼乐表现为制度化的形态，"忘礼乐"即消解礼乐制度，由此在体制层面摆脱文明和文化发展的影响。最后是"坐忘"。关于"坐忘"的形式或字面之义，成玄英的解释是："虚心无著，故能端坐而忘。"①而它的实质涵义，则指内在层面的"忘"，其具体内容表现为否定身体，废弃感知能力（聪明），疏离形体，摒弃已有之知，由此达到大道。仁义、礼乐属价值、体制层面的文化成果；聪明、已有之知则既表现为获得知识成果的能力，也包括已积累的人类之知；"忘仁义"、"忘礼乐"以及以"堕肢体，黜聪明，离形去知"为内容的"坐忘"，则以忘却以上各个方面为指向。从人的内在意识这一角度看，"忘"本不可强求：试图忘却，恰恰表明尚未忘。作为一种心理现象，"忘"往往是在不知不觉的过程中发生的。在哲学的层面，"忘"的特点在于有而无之，即消解已进入意识之中的内容。与之相联系，"坐忘"并非追求心理意义上的遗忘，而是有意识地消解、忽略已有的文化成果。

　　在庄子看来，对已有文化成果的如上消解，构成了达到道的前提："同于大通"意味着合于大道；"同则无好"

---

① 成玄英：《庄子疏·大宗师》。

表现为基于道而认同普遍性、超越偏私（个人所好）；"化则无常"肯定了变动性，其中蕴含着对独断性的扬弃。对庄子而言，已有的原则、体制，对人而言是一种束缚；已有的知识、观念，则构成了人的"成心"："夫随其成心而师之，谁独且无师乎？"[1]"成心"产生于一定的社会文化背景，在形成之后，又构成了相关个体的思维定势及考察问题的前见。这种"成心"类似于黑格尔所说的"出于自信的意见"："遵从自己的确信，诚然要比听从别人的权威高强些，但从出于权威的意见转变为出于自信的意见，意见的来源虽有转变，并不必然地就使意见的内容也有所改变，并不一定就会在错误的地方出现真理。如果我们执着于意见和成见的系统，那么究竟这种意见来自别人的权威或是来自自己的信心是没有什么差别的，唯一的差别是后一种方式下的意见更多一种虚浮的性质罢了。"[2]相信外在权威，往往具有盲从的性质，遵从自己的确信，在非反思这一点上，与盲从权威并无根本不同。同样，师其成心，表现为限定于个体的已有成见，对庄子而言，这一过程意味着与道相分。与之相对，唯有"忘"其成心，才能臻于道，所谓"致道者忘心矣"[3]。这种以"忘"为前提的得道进路，与老子"为道日

---

① 《庄子·齐物论》。
② 黑格尔：《精神现象学》上卷，商务印书馆，1979年，第55页。
③ 《庄子·让王》。

损"①观念，呈现某种一致性。

把握形而上层面的道，与经验层面知识的积累无疑有所不同：达到"道"往往需要经过转识成智的过程。同时，知识经验在衍化为"成心"后，常常可能在认识论上限定人的视域。就这些方面而言，通过"忘"以消解已有的知识和观念系统，显然不无意义。胡塞尔要求悬置已有的知识与信念，也在某种程度上体现了类似的观念。不过，已有知识经验在成为"成心"之后固然可能呈现独断的意义，但知识经验以及已有观念系统本身并非仅仅呈现消极的一面。事实上，人的认识不能从无开始，无论是对具体事物的认知，还是对形而上之道的把握，都需要以已有的知识和观念系统为背景，庄子以"忘"为进路，似乎忽视了这一点。

单纯地消解已有观念，对道的把握过程便容易趋于神秘化，在庄子那里，也确实可以看到如上趋向。正是以"忘"或"坐忘"为进路，庄子提出了"以神遇而不以目视"②的主张。这里的"以神遇"所体现的，乃是具有神秘意味的直觉。当然，从"有真人而后有真知"这一角度看，"真人"作为"能知"，以合于自然为特点，"坐忘"对已有知识经验的消解，也以回归前知识的自然之境为指向，就此而言，"有真人而后有真知"与由"坐忘"而"同于大通"

---

① 《老子·第四十八章》
② 《庄子·养生主》。

（达于大道），体现了前后一致的逻辑进展。

【原文】

子舆与子桑友，而霖雨十日。子舆曰："子桑殆病矣！"裹饭而往食之。至子桑之门，则若歌若哭，鼓琴曰："父邪！母邪！天乎！人乎！"有不任其声而趋举其诗焉。

子舆入，曰："子之歌诗，何故若是？"曰："吾思夫使我至此极者而弗得也。父母岂欲吾贫哉？天无私覆，地无私载，天地岂私贫我哉？求其为之者而不得也。然而至此极者，命也夫！"

【释义】

子舆与子桑都是庄子假托的人物。两人相与为友，却遇到连绵不断的雨。子舆推测子桑可能生病了，因而带着食物去看望子桑。在门外听到子桑既像吟诵又如哭泣（"若歌若哭"），同时鼓琴唱到：父啊，母啊；天啊，人啊！声音微弱，急切地以诗继之。当子舆问子桑何以如此时，子桑的回复是：自己在思考为什么会处于这样一种贫病交加的人生境地，父母不会让自己如此，天地大公无私，也不会让其处于贫困之境，既然追溯不到根源，便只能归之于命。

前面已提到，命作为自然与必然的统一，已超出人力范围。《大宗师》一开始就将"知天之所为，知人之所为"提到了最高（"至矣"）之境，这表明人的能力是有限度的，不能超出此限度而有所作为，安之若命，便是由此形成的选择。在此意义上，本段与《大宗师》的开篇彼此呼应。

应
帝
王

　　《应帝王》涉及政治哲学方面的思想①。从肯定"顺物自然"则天下治，到确认道术高于巫术并由此突出治理过程中道的主导性；从浑沌之境，到浑沌之死，庄子从不同的方面考察了政治领域的相关问题，其中既涉及天下治理的前提和条件，也关乎政治实践的方式，与之相互关联的是天下治理的原则、理想的政治形态等等。对以上问题的考察，具体地展现了庄子在政治领域的思考。

---

① 王夫之："应帝王者，以帝王为迹，寓于不得已而应之。"（王夫之：《庄子解·应帝王》，《船山全书》第十三册，岳麓书社，1993 年，第 179 页）钟泰："应帝王，明外王也。'帝王之功，圣人之余事'，亦应之而已矣，故曰'应帝王'也。"（钟泰：《庄子发微》，上海古籍出版社，2002 年，第 167 页）这里的"以帝王为迹"、"外王"、"帝王之功"均与政治领域的活动相涉，以此解释"应帝王"，也有见于本篇与政治哲学的关联。

【原文】

啮缺问于王倪，四问而四不知。啮缺因跃而大喜，行以告蒲衣子。蒲衣子曰："而乃今知之乎？有虞氏不及泰氏。有虞氏，其犹藏仁以要人，亦得人矣，而未始出于非人。泰氏，其卧徐徐，其觉于于，一以己为马，一以己为牛，其知情信，其德甚真，而未始入于非人。"

【释义】

啮缺系传说中许由之师，王倪的弟子。啮缺向王倪接连提出了几个问题，结果"四问而四不知"。从形式上看，问答很高明，被问者四问四不知，问的人虽未得到确切的回答，但也领悟到其中的妙处，可以说，两者处在对应的层次之上。四问而四不知包含多重内涵，就此篇的主题而言，《应帝王》主要关乎政治活动，特别是帝王的治国方式，这里的问答也相应地与政治治理相关，在此，庄子似乎试图以"不答"的方式说明：政治治理如同这里的答问，不是一个可用言语明示或能有意而为之的过程。

蒲衣子是传说中尧时贤人，按他的理解，在治国方面，舜（有虞氏）不及伏羲（泰氏）。从历史上看，舜在治国方面的特点是以仁为原则：心怀仁爱的原则与人交往。如此治国的结果是得人心："有虞氏，其犹藏仁以要人，亦得人矣。"但是，在庄子看来，这种治理方式"未始出于非人"。这里的

"非人"即自然,"未始出于非人"也就是并非出于自然。以仁的方式来治理国家,固然可以得到人民的拥戴和支持,但是这种治国活动未能以自然原则为依据。比较而言,伏羲的存在方式更近于"非人"(自然):伏羲睡眠的时候舒展安详,醒来之时悠然自得;不管睡着还是醒来,都自然而然,没有任何人为的因素参杂其间。他可以被视为马一样的存在,也可以被视为牛一样的对象,并没有特别的作为。其"知"真实可靠,其"德"真诚无伪:"其知情信,其德甚真,而未始入于非人。"这里的"未始入于非人"与前面的"未始出于非人"侧重有所不同。如上所言,"非人"即与人为不同的自然方式或自然境界。"未始出于非人"表明仍以仁作为治理的原则而尚未从自然的原则出发,"未始入于非人"则是尚未进入自然之境。前者还没有基于自然境界,后者则是未能进入自然境界,在庄子看来这两者都尚未达到与自然为一。唯有一方面自己的所言所行与自然一致,另一方面又非刻意地将自己的行为视为自然,才意味着进入自然之境,伏羲氏的行为已近于此。

【原文】

　　肩吾见狂接舆。狂接舆曰:"日中始何以语女?"肩吾曰:"告我君人者以己出经式义度,人孰敢不听而化诸!"狂接舆曰:"是欺德也。其于治天下也,犹涉海凿河,而使蚊负山也。

夫圣人之治也，治外乎？正而后行，确乎能其事者而已矣。且鸟高飞以避矰弋之害，鼷鼠深穴乎神丘之下，以避熏凿之患，而曾二虫之无知！"

【释义】

肩吾与狂接舆都是传说中的古代贤人，庄子以两人对话的方式，继续讨论如何治国的问题。"以己出经式义度，人孰敢不听而化诸"，可以视为当时的一种政治主张，其要义在于君主应自己颁布各种法律规范。根据这种主张，当法度规范颁布之后，人们就不敢不服从，教化也可以逐渐实现。这种治国方式既接近法家，也与儒家有类似之处。然而，庄子却借狂接舆之口，对此提出了质疑。在他看来，以这种方式治国，属于"欺德"，后者是一种与欺骗性行为相关的品格，它如同让蚊子背负大山（"使蚊负山"），完全是不自量力、缺乏可行性。合理的治国方式是"正而后行，确乎能其事者而已矣"，亦即顺从人的本性，让每个人都自然而然地去做适合于他自己的事。"正而后行"之"正"，在此并不是指个体的修身，而是表示从治理对象的本性出发去加以治理。从一般意义上说，庄子所谈到的"治"总是以充分地把握治理对象的本性为前提，它既有别于以外在约束的方式横加干预，也不同于儒家所谓正心诚意然后天下治的说法。

从日常经验看，鸟通过高飞来避免被箭射中，老鼠通过深藏于社坛之下来躲避烟熏等危险。动物尚且有自己的方式来应对各种威胁，难道人还不如这些动物吗？庄子以此表明：通过外在约束来治国，并不会有效；唯有无为而治，才是真正合理的治国方式。

【原文】

天根游于殷阳，至蓼水之上，适遭无名人而问焉，曰："请问为天下。"无名人曰："去！汝鄙人也，何问之不豫也！予方将与造物者为人，厌，则又乘夫莽眇之鸟，以出六极之外，而游无何有之乡，以处圹埌之野。汝又何帛以治天下感予之心为？"又复问，无名人曰："汝游心于淡，合气于漠，顺物自然而无容私焉，而天下治矣。"

【释义】

天根、无名人都是假托之名。天根游于殷山的南面，蓼水之地，在此遇到无名人，并向其请教如何治国的问题。无名人对这个问题非常反感，说他是浅鄙之人，并责问他为什么要问这些让人不愉快的问题。无名人宣称自己将要与自然为伴，在厌倦的时候乘坐飘逸之鸟，超越有限的空间，遨游于虚无缥缈之地，居于空旷无界之地，所谓"圹埌之野"，即属这种无边无际之域。这里所提到的"以治天下感予之心"中的"感"，主要是一种触动，表现为让本来宁静的心态变得波澜四起，它与表示相互作用的"感"涵义有所不同。以上所描绘的，都是自然之境的不同方面。在庄子看来，治理天下的主张都属梦呓（所谓"吊"①），难以激发超脱之人（"无名人"）的内在意识（"感予之心"）。

当天根再次追问如何治国这一问题时，无名人做了如下回答，即：人的精神处于淡泊之境，人的存在与广袤之域合而为一，顺应自然，避免用人的私欲和意图去干扰自然的运行，做到以上方面，则天下将会得到治理。这里所隐含的，是无为而治的治国理念。从人的精神来看，淡泊之境意味着远离孜孜的功利追求；从人与万物的关系来看，此种境界所引向的则是顺应自然。在此，无为而治既涉及内在精神层面与汲汲于功利相对的淡然形态，也关乎与外物打交道时应该遵循的自然原则。从政治哲学的角度看，这里的顺应自然不仅仅体现于人与物的互动，而且表现在治理过程中让人各适其性，各尽所能。

【原文】

阳子居见老聃，曰："有人于此，向疾强梁，物彻疏明，学道不倦。如是者，可比明王乎？"老聃曰："是于圣人也，

---

① 根据俞樾的考证，"吊"意为"梦语"："无名人盖谓天根所问皆梦语也。"（郭庆藩《庄子集释·应帝王》引）

胥易技系，劳形怵心者也。且也虎豹之文来田，猿狙之便执斄之狗来藉。如是者，可比明王乎？"阳子居蹴然曰："敢问明王之治。"老聃曰："明王之治，功盖天下而似不自己，化贷万物而民弗恃，有莫举名，使物自喜，立乎不测，而游于无有者也。"

【释义】

以往注家一般将此段中的"阳子居"理解为杨朱，但近人唐钺对此提出质疑，认为这里的阳子居所表达的观点与历史上所了解的杨子的观点并不相同。这里可以悬置人物的具体归属问题，直接关注"阳子居"之所言。阳子居见到老聃之后，谈到有这样一个人，他对事物能透彻地把握，处事果断，同时又学道不倦，此人是不是可以被称为王者。老聃的回答是否定的：这种人劳心费神，仅仅注重某种技巧的掌握，最终为其所累。引申而言，掌握各种技艺、具有某种品格不仅不能给人带来好处，反而可能会导致各种负面结果，就如同虎豹有美丽的花纹，但常因此遭遇田猎；猿猴身手敏捷，却被人捉来拴住。这里蕴含的内在观念是：治国并不依赖于某种专长，也不需要特别的能力；理想的治国方式即无为而治。从正面看，明王之治的特点在于功盖天下却并不以为这些功绩缘于自己；虽作用于治国过程，但并不让人对自己形成依赖感。这些看法，与老子的政治思想确乎具有一致之处。在谈到理想之治时，老子曾指出："太上，下知有之；其次，亲而誉之；其次，畏之；其下，侮之。信不足焉，安有不信。悠兮其贵言，功成事遂，而百姓皆谓我自然。"[1]其中表达的也是顺民之自然，让民众感受不到君主的外在约束和管理，仅仅知道有君王而已。庄子所阐发的治国观念与老子的以上看法，无疑具有理论上的相通性。上承老子的思想，庄子强调政治上的成效并不是人刻意为之的结果，也非人为努力的产物。总体而言，治理过程主要在于顺应民意，发挥民众自身的作用，让老百姓各行其是。在此，顺应民意构成了无为而治的重要内容。

这里所说的"顺应民意"与儒家的"民本"思想具有不同的涵义。儒家所主张的"民本"主要强调治国应奠基于民众之上，其特点在于以民众为治国的基础和出发点。庄子所理解的"顺应民意"，则首先以不干预民众为指向。当然，从更广意义上来看，"民本"也包含对民意的肯定，但就民本思想的本来涵义而言，其侧重之点在于治理的基础。对儒家而言，治国需要重视民意，以获得民众支持；对道家而言，治国则在于顺乎民意，以自然而然的方式展开。

---

① 《老子·第十七章》。

【原文】

郑有神巫曰季咸，知人之死生存亡、祸福寿夭，期以岁月旬日，若神。郑人见之，皆弃而走。列子见之而心醉，归，以告壶子，曰："始吾以夫子之道为至矣，则又有至焉者矣。"壶子曰："吾与汝既其文，未既其实。而固得道与？众雌而无雄，而又奚卵焉！而以道与世亢，必信，夫故使人得而相汝。尝试与来，以予示之。"

【释义】

从形而上的层面看，政治哲学关乎对道的理解。庄子通过假托的人物季咸与壶子之间的互动和交锋，对此作了具体而形象的考察。在两位人物的互动中，季咸以郑国神巫的身份出现，壶子则被视为得道之士。按庄子的描述，季咸能够预知人的死生存亡，并能对人的祸福寿夭等等准确地加以预测，其精确性甚至可达到年、月、旬、日，故被称之为"神巫"。郑国人见到他都有恐惧之感，避之唯恐不及，这是因为普通人一般不愿意被预先显现未来的整个生死、祸福：一旦未来都被别人预测得清清楚楚，心里总会感到不安。庄子以其预测的精准性，突出季咸在巫术方面的高明。所谓"得而相汝"，也就是通过你的外貌等来预测你的一切。相对于季咸的巫术，壶子的观念更多地体现于道术，其所重亦在"道"。就壶子与其门人列子的关系而言，列子虽似乎闻"夫子之道"，但对壶子之说仅仅尽其表面，而未能深入内涵，所谓"既其文，未既其实"，从而也没有真正把握其道，"而（尔）固得道与"之问，既提示了以上这一点，也突出了道术的重要性。

从巫术与道术之间的分野看，巫术侧重于预测、占卜，其中既具有神秘的方面，又关乎经验之维的"技"或"术"：巫师总是需要掌握一定的技艺。"巫"最原初表现为天人沟通的中介，沟通过程所涉及的仪式以及操作过程便关乎"术"。这一意义上的巫术，与政治领域中的治理之术，具有某种相通性。道术则属于形而上层面的原理。作为形而上的原理，道本身具有整体性、全面性、贯通性，仅仅抓住其中一个方面，"多得一察焉以自好"，便会引向道的片面化，所谓"道术将为天下裂"①。对庄子而言，只有基于对道术的把握，才能应对巫术，并进一步在政治领域超越经验层面的治术。

【原文】

明日，列子与之见壶子。出而谓列子曰："嘻！子之先生死矣！弗活矣！不以旬数矣！吾见怪焉，见湿灰焉。"列子入，泣涕沾襟以告壶子。壶子曰："乡吾示之以地文，萌

---

① 《庄子·天下》。

乎不震不正，是殆见吾杜德机也。尝又与来。"

【释义】

季咸前去壶子处，由此两人第一次见面。出来后，季咸便说壶子将死，甚至把死的大致日期都推算出来：过不了十来天壶子就会一命呜呼。这一推测的根据主要是，在壶子身上可以看到人将死的一种迹象，而且，其神情就像碰到水的灰一样，呈现病恹恹的形态。壶子得悉季咸的这一判断后，作了如下解释：自己刚才是把如同地表一样的心境（地文）显示出来，大地的表面以平稳为特点，既不震动也不止息，站在其上，往往给人一种安全、平衡的感觉，以这种平稳的状态示人，会给人生机似乎闭塞的感觉，其外在显现则是一种死气沉沉的样子。这就是季咸何以认为壶子将死的缘由。

可以看到，在两人的第一次交锋中，掌握巫术的季咸，完全为得道的壶子所支配：壶子给他显示什么，他就推测什么，其行为缺乏主导性，其所谓预测则完全被人牵着鼻子走。道术与巫术的高下，在此初步显示出来：巫术只能跟着道术转。季咸看似神奇无比，能够精确预测人的死期，但事实上整个互动的大局，乃是掌握在代表道术的壶子之手。

这里同时提到了"机"：壶子认为，季咸"殆见吾杜德机也"。"机"是中国哲学的一个独特概念,含有内在根据、初现端倪等含义。如"生机勃勃",其中的"机"便含有内在根据的一面,如果没有这一内在根据,就不会有勃勃生机。同时,"机"也有外在显现的一面。就此而言,内在的根据和外在的显现在"机"之中相互交融。简言之,"机"表现为具有内在根据的外在显现。"德机"即生机,"杜"有闭塞之意,"殆见吾杜德机也",即仅仅看到壶子故意以闭塞的形式显现的一面,而未能把握内在的生机。这种观察方式,也从一个侧面表现了巫术之为"术"的限定。

【原文】

明日,又与之见壶子。出而谓列子曰:"幸矣!子之先生遇我也,有瘳矣!全然有生矣!吾见其杜权矣!"列子入,以告壶子。壶子曰:"乡吾示之以天壤,名实不入,而机发于踵。是殆见吾善者机也。尝又与来。"

【释义】

季咸第二次与壶子见面之后,便改变了原来的说法,认为壶子幸好遇到了他,各种病症明显减轻了,从而有救了。其根据主要是:壶子本来闭塞的生机开始萌动了。得知季咸的以上说法后,壶子指出:自己刚才乃是将"天壤"显示给季咸。形象地说,天壤就是天地之间的生气,这与地文仅仅表现为纹丝不动的景象有所不同。此时，他所显示的是近乎天地生气的那一面，所谓"是殆见吾善者机也"。正因如此，季咸做出了不同的预测。

在此，季咸同样完全为壶子所左右，壶子的显示，规定了其预测。从道术和巫术的关系来看，巫术在此再次为道术所主导，其中的推知基本上处于被支配的境况中。第一次交锋时，所涉及的只是一个方面，但在第二次的时候就已有了比较：生与死、积极的迹象和消极的迹象之间，开始发生某种转换。季咸之所以做出不同的预测，源于壶子所显示的形态不一样，它从另一方面表明，巫术受制于道术。从总体上看，这里的地文、天壤，都隐喻得道之人的不同显现方式，后者具有自主的性质，但其具体的表现方式和内涵又各有不同。

【原文】

明日，又与之见壶子。出而谓列子曰："子之先生不齐，吾无得而相焉。试齐，且复相之。"列子入，以告壶子。壶子曰："吾乡示之以太冲莫胜，是殆见吾衡气机也。鲵桓之审为渊，止水之审为渊，流水之审为渊。渊有九名，此处三焉。尝又与来。"

【释义】

第三次会面，情况发生了变化。此次会面后，季咸的结论是：壶子的精神形态好像不太稳定，所以无法预测；唯有等其精神形态比较稳定的时候，才能作推测。对此，壶子作了如下解释：自己刚才显示的是"太冲莫胜"这样一种心境，太冲即太虚，主要表现为心灵宁静这一面。此时，季咸只看到平衡虚灵的生机，故难以预测。

庄子进一步以"深渊"喻精神世界。形象地看，"渊"往往显得深沉难测、变化多端而不易捉摸，故可以此隐喻精神世界，因为精神世界也具有深沉性和难以把握的特点。与"深渊"往往表现为不同的形式一样，人的精神世界也可以有多重形态，显示的时候，常常只是展现其中的一个方面，而内在精神世界呈现某种形态，巫术之士就会给出相应的推测。就此而言，巫术只是停留在外在的显现，仅仅根据经验的呈现来进行预测。从壶子与季咸的互动看，在精神世界的多样形态中，壶子显现给季咸的，仅仅是其中的几种，而每显示一种，他就做出某种推测，这表明他并不真正了解精神的内在方面。要而言之，作为巫术之士的季咸，受经验的限制，既未能把握整个精神世界的丰富性，也无法进入精神世界的内在层面，从而完全为外在形迹所支配。

以上，道术通过"地文"、"天壤"、"太冲"等来表述，似乎显得玄之又玄，但这些形态可以理解为"道"的不同之境。道本身有不同的显现方式，对庄子而言，这种表现形态与巫术的表现形态不同。当然，形而上的表述方式与神秘的表述方式往往有相似之处。玄之又玄的东西具有神秘性，"自然"如果不适当地加以强化，便可能转换为"超自然"。形而上的表述方式与神秘的表述方式的界限，常常并非清晰而确定，巫术与道术在表述方式上，也每每存在某些相似之处。但尽管如此，在庄子那里，道术总是具有主导性，而巫术则处于被支配和左右的地位，简言之，道术高于巫术。

【原文】

明日，又与之见壶子。立未定，自失而走。壶子曰："追之！"列子追之不及。反，以报壶子曰："已灭矣，已失矣，吾弗及已。"壶子曰："乡吾示之以未始出吾宗。吾与之虚而委蛇，不知其谁何，因以为弟靡，因以为波流，故逃也。"

【释义】

第四次，也是最后一次见面，季咸还没有站定，便不能自持，赶紧跑了。壶子解释道：季咸之所以如此失态，主要是壶子自己显示了从未脱离过自身的根本性规定，即所谓"未始出吾宗"，同时，他又虚与委蛇，时而表现为颓废消沉，时而又显得随波逐流，让季咸完全无法把握其真实面目。前面只讲心境不定，但这一次完全无法理解对方究竟是谁、究竟处于一种什么样的形态。在此，道通过人的"精神世界"而显现出来。这里同时涉及精神世界的两个方面：一是自身的根本性规定，即"未始出吾宗"，二是灵活的变动性：精神世界的根本性规定非凝固不变，而是处于灵活变动的状态。正是壶子精神世界的以上两个方面，使季咸陷于迷惘。

在巫术之士季咸与得道之士壶子的四次互动和交锋中，道显现了不同形态：地文、天壤、太冲莫胜、未始出吾宗，这种多样的显现形式，完全在季咸的理解能力之外。从道术与巫术之辩看，其重要之点在于自然无为和有意而为之的差异：巫术的特点是基于经验性的显现而做出推测，属于执着经验现象有意而为之；道术则趋向于自然无为，尽管得道之士也不断调整自己的精神状态，但这种调整从未离开自然之道。本于天性、合于自然，构成了为道的特点。

从表达方式上看，庄子关于巫术与道术的讨论，乃是以形象性的叙事为其特点，这种表述方式不同于思辩的或逻辑化的言说方式。哲学总是既涉及"说什么"，也关乎"如何说"，在言说方式上，叙事地说有别于思辩地说或逻辑地说，庄子以"叙事地说"为言说方式，这使他的表达方式超越了干枯性、教条性、思辩性。但从"说什么"这一角度看，庄子所述季咸与壶子的互动和交锋，无疑又包含独特的哲学内涵。《应帝王》以政治哲学为主题，以上描述同样没有离开这一主题。从政治哲学的层面看，这里所涉及的巫术与道术的区别，主要就在于前面提到的有为与无为。巫术着眼于外在经验的显现，并力图通过这些显现做出推测，在这样的活动中，人为的痕迹甚重。作为道术代表的壶子，则是出于自然、本于道而显现自身，其显现方式的调整，始终不离开地文、天壤、太冲莫胜、未始出吾宗等自然的规定。

可以注意到，庄子在这里乃是以隐喻的方式讨论天下如何治、政治活动如何展开等问题。通过巫术与道术的比较，庄子试图表明：刻意地执着于经验的迹象而以有意为之的方式展开活动，其结果往往是消极的。只有本于道、顺乎自然，才是治国的合理方式。壶子的"未始出吾宗"，即隐喻了应当基于本然和自然，后者同时构成了治国的原则。在引申的意义上，巫术事实上仍停留于经验和技术性的层面，道则超越了"技"而蕴含智慧的内涵。在前述庖丁解牛这一寓言中，庄子曾提出了"技"进于"道"的要求，巫术与道术之别，同样体现了"技"与"道"的分野，其中在逻辑上包含着以道的智慧引导治国过程的内在意向。

【原文】

　　然后列子自以为未始学而归，三年不出。为其妻爨，食豕如食人。于事无与亲，雕琢复朴，块然独以其形立。纷而封哉，一以是终。

【释义】

季咸与壶子的交锋是巫术与道术之争，其结果则证明道术高于巫术。列子回到家中，从日用常行处把握道，为妻子做饭，如同伺候人一样喂猪，后者体现了道家的一贯思想，即"天地不仁，以万物为刍狗"，对世间一切事物不分亲疏贵贱，等而观之。同时，去除文明习俗的雕琢，回到质朴的状态，也就是从文明回归自然。尽管外在世界纷扰不已，但列子依然保持内心的质朴。一般而言，顺乎天性在逻辑上包含两个方面：其一，维护未经文明影响的淳朴状态；其二，在天性受到文明状态影响之后，回复前文明的状态。列子所涉及的，主要是后者。概要而言，道术的整体进路是回归自然之境，即由"雕琢"而"复朴"；相对于人为的目的，道术体现的是无为的取向，后者同时构成了庄子政治哲学的原则。

【原文】

无为名尸，无为谋府，无为事任，无为知主。体尽无穷，而游无朕，尽其所受乎天，而无见得，亦虚而已。至人之用心若镜，不将不迎，应而不藏，故能胜物而不伤。

【释义】

治国的政治实践离不开政治实践的主体,具体而言,政治实践的主体应该具有何种品格?庄子的以上看法便涉及这一问题。概要而言,即:不要追求声誉而成为声名的承担者,不要做刻意谋划的主体,不要参与人为的活动("事"),不要成为世俗知识系统的主体。政治实践本身固然也表现为人的活动,但这种活动不同于基于目的追求的"事"。前面已提到,庄子一再反对"以物为事":"圣人不从事于务,不就利,不违害","彼且何肯以物为事乎!"①这里的基本要求即顺物自然而不参与人为之事。以上所提及的名、事、知都属于有限之境,需要加以超越,这种超越同时表现为通过把握无限(无穷),进而游于与浮华相对的自然之境:"体尽无穷,而游无朕,尽其所受于天,而无见得,亦虚而已。"此处之"虚"与"有"相对而与"无"相近,名、知识、功利的谋划,则都是广义上的"有"。"亦虚而已"既表现为对自然之境的向往,也指向超越于"有"而消解一切的人为。

在庄子看来,本于自然,顺乎自然,则内在精神便如同明镜。这里的"至人之用心若镜"与《齐物论》所说的"莫若以明"侧重点有所不同:"用心若镜"强调消解人的主观

---

① 参见《庄子·齐物论》以及《庄子·德充符》。

意向、应物自然；"莫若以明"则是以分而齐之的方式，消除各种价值、是非的差异。镜子之喻一方面肯定了实践过程应如实表现对象的自身规定，另一方面也体现了剔除人为追求而以自然为本的旨趣。具体而言，需要避免以自身特定的目的为出发点，并消解人的有意作为（不将不迎），如此，才能防止为物所损害或受制于物。与前面提到的消解事（人之所作）、知（经验之知）相联系，这里侧重的是反对通过人为的过程来获得或显现外在的成就，达到虚静之境也以此为前提。

不难注意到，相对于儒家基于礼乐制度谈治理国家，庄子更侧重于从自然的原则来讨论"应帝王"，前面提及的消除人为的谋划、避免追求世俗的知识、消解人的利益与欲望等等，都体现了这一进路。对庄子而言，思维、知识、谋划，都具有人为的性质；超越人为则构成了自然无为的前提。在这里，政治理念与天人之辩彼此相关，从人的自然之性出发，剔除人的欲望和功利意图，回到自然的状态，表现为政治治理所以可能的条件。

【原文】

南海之帝为倏，北海之帝为忽，中央之帝为浑沌。倏与忽时相与遇于浑沌之地，浑沌待之甚善。倏与忽谋报浑沌之德，曰："人皆有七窍，以视听食息，此独无有，尝试凿之。"

日凿一窍，七日而浑沌死。

【释义】

这里依然以叙事的方式，对自然之境作了具体考察。
"儵"有匆忙之意，"忽"则表现为快捷，二者均隐喻积极
有为或快捷匆忙地从事某种活动。与之相对的是"浑沌"。
从本体论意义上来说，"浑沌"主要指存在的未分化状态：
相对于千差万别的事物而言，"浑沌"表现为未分化的整
体。从认识论意义上来说，"浑沌"更多地指知识和智慧未
开的状态，此时尚未涉及是非之争。从人性论和价值论的
角度来说，"浑沌"则隐喻着人的天性或自然之性，指人尚
未受文明发展的影响与作用，处于本然的存在状态。"儵"、
"忽"试图为"浑沌"凿七窍，旨在改变如上的存在状态。
从逻辑上说，这种尝试将导致"浑沌"的下述变化：本体论
上，从存在的未分化状态走向分化的世界；认识论上，从知
识未开、是非未起的状态走向多样知识的产生、是与非的
形成；人性论和价值论上，从本然的自然之性走向文明化
的人性。庄子以"七日而浑沌死"的描述作结尾，是对以上
人为改变的否定，其中蕴含了庄子的如下理论取向：本体论
上，在分化尚未发生时，应维护未分化的状态，在已分化之
后，则需回归未分化的状态；认识论上，坚持"无为谋府，
无为知主"，避免知识的发展、是非的展开；人性论和价值

论上，当人性还未改变时，需维护自然天性，在受到文明影响之后，则应回归未受文明影响的人性。就政治哲学而言，"浑沌之死"意味着理想存在状态的结束，它表明偏离本然的有为而治，将导致理想存在状态的终结。

从治国或政治哲学的角度来说，"浑沌"隐喻着庄子所认同的原始秩序，此种秩序以智慧未开、是非之争尚未展开为前提。从人性的角度看，原初秩序与人的自然天性具有一致性。前面提到，庄子以天人之辩为政治哲学的内在主线，天人之分本身则进一步体现于不同方面，包括人性规定、行为方式等等，可以说，"浑沌"之喻以综合的形式，展示了天人之辩与政治哲学的内在关联。

从总的方面看，在《应帝王》中，庄子基于天人之辩提出的政治哲学，既体现了道家的普遍取向，也有庄子自身的内在特点。庄子的政治哲学观念首先有别于儒家。儒家哲学的核心范畴是仁与礼：礼主要体现了儒学的体制性和规范性之维，其中既涉及政治制度，也关乎引导人们如何做的规范系统；仁则包含人道的关切，儒家讲的王道、德治都与之相关。综合起来，仁与礼的统一，构成了儒家政治哲学的整体性特点。相对于儒家，法家更注重法与刑。法固然也体现了体制性、规范性的方面，但同时具有强制性；刑则突出了法家政治哲学中的暴力趋向。在儒家的礼与仁之中，仁义、礼义彼此联系，"义"之中包含责任与义务的观念。相对而言,法家的刑和法往往展现为赏与罚,后者同时牵涉利害关切。道家在政治哲学方面与儒法两家的以上立场都有所不同:从道家的视域看,无论是儒家强调的王道,还是法家主张的霸道,都与自然无为的原则相对。

就道家自身的哲学衍化而言,庄子与老子在政治哲学上既有前后相承之处,也存在某些不同侧重。就其同者而言,老庄都强调顺乎自然、无为而治。从两者的相异方面看,庄子强调政治秩序的建立应基于人的原初天性或自然之性,由此,合乎自然与合乎天性在庄子那里具有一致性。老子固然也讲政治要合乎人的天性,但更侧重于治国过程合乎自然之道这一面,所谓"治大国若烹小鲜"①,便表明了这一点。可以看到,老子强调合乎自然之道,庄子则更强调合乎自然之性。自然之道表现为存在自身的法则,自然之性则是人之天性或本性。老子所主张的合乎自然之道的政治实践过程,接近于黑格尔所说的"理性的机巧"。黑格尔在《小逻辑》中曾指出:"理性是有机巧的,同时也是有威力的。理性的机巧,一般讲来,表现在一种利用工具的活动里。这种理性的活动一方面让事物按照它们自己的本性,彼此互相影响,互相削弱,而它自己并不直接干预其过程,但同时却正好实现了它自己的目的。"②一方面,人不直接干

---

① 《老子》第六十章。
② 黑格尔:《小逻辑》,商务印书馆,1980 年,第 394 页。

预对象；另一方面，又使对象的各个方面各自发生作用，由此实现人自身的目的。就政治实践而言，这一过程则导向天下治理的目标。比较而言，庄子始终把合乎自然的过程主要理解为合乎人的天性，政治实践的过程也不同于以理性的机巧治理国家，事实上，"浑沌"之喻已表明了这一点："浑沌"的未分化、无作为与"治大国若烹小鲜"，存在重要差异。

当然，就庄子哲学而言，这里似乎同时存在"为"与"无为"的张力：既然理想的形态是无所作为的"浑沌"，为何还要"帝王"的治理活动？这需要从庄子的哲学观念与历史本身的发展形态加以考察。庄子所处的时代，已经进入"道术为天下裂"的形态，道术已裂之后的政治实践，类似本体论上的"齐物"："齐物"的涵义之一，是在万物已不齐的情况下，分而齐之。治国或治天下也与之相近，在天下崩坏、"浑沌"已分化的背景下，更需要考虑如何以合适方式治理的问题。庄子很多讨论都是在本然或理想形态已经不复存在的前提之下展开的。从政治哲学的角度看，理想状态是合乎本然、合乎天性的"浑沌"之境，在理想状态已逝的背景下，问题便表现为如何以合理的方式回归原初状态。

由放弃、拒绝文明形态下直接的功利性目的追求，庄子同时进一步表现出对广义上人类意图的消解。在庄子看来，自然（天）的涵义即表现为"无为为之"："无为为之之谓天。"①所谓"无为为之"，首先相对于目的性的追求而言，其特点在于非有意而为；以"无为为之"为"天"的内涵，相应地包含扬弃目的性之意，这里的目的性，主要表现为文明视域中的意向。与之相联系，庄子同时强调"动不知所为，行不知所之"②。所谓"不知所为"、"不知所之"，也就是行为无任何目的与意向，在庄子看来，理想的行为方式，便在于超越文明视域中的有意谋划，以顺乎自然消解目的性的追求。相对于庄子对目的性的以上消解，老子并不绝对否定一切目的，而是注重合目的性与合法则性的一致，前面提到的"理性的机巧"，也从一个方面体现了这一点。

庄子强调治理的过程应重视人之天性，其意义首先在于肯定合理的政治生活应该合乎人性，防止政治生活和政治实践对人性的扭曲，避免人性的异化。虽然庄子并没有具体谈到如何做到这一点，但是他提醒人们应警惕政治的异化，关注人的本然之性，从政治哲学的角度看，这种取向无疑有其深意。不过，庄子将人性仅仅理解为前文明形态下的自然之性，显然有其局限性。人性说到底与自由的追求相关联，应从走向自由这个角度加以理解。由此考察，便不能将人类文明的衍化置于视野之外。自由可以视为人区别

---

① 《庄子·天地》。
② 《庄子·庚桑楚》。

于动物以及物理对象的重要之点。按照康德的分析，物理对象完全是受因果必然性的支配，马克思进一步指出："动物只是按照它所属的那个种的尺度和需要来建造，而人却懂得按照任何一个种的尺度来进行生产。"[①]也就是说，动物只能按照其物种的规定来发展，人则可以超出生物学意义上的限定，进行自由的创造，由此变革自然、变革自身，儒家所谓"成己与成物"，也包含走向自由的内涵。判断社会演进是否合乎人性，其标准在于能否为人的自由发展提供更大的可能，是否使人更接近自由之境。庄子的政治哲学一方面提醒人们避免政治治理导向人性的异化，另一方面又由拒绝功利性追求而消解文明视域中的目的性，并将至德之世理解为"同与禽兽居，族与万物并"[②]这一前文明意义上的"浑沌"之境，其中显然包含内在的历史限度。

---

① 《1844年经济学哲学手稿》，人民出版社，1985，第53-54页。
② 《庄子·马蹄》。

后　记

　　二十一世纪初以来，我曾多次给研究生讨论班讲授《庄子》内篇，疏讲的内容由研究生根据录音记录，本书以此为基础，作了进一步的修订。其中，《逍遥游》与《齐物论》的释义曾作为附录，收入我的《庄子的思想世界》一书。与疏讲的过程一致，本书略人所详、详人所略，主要侧重于《庄子》内篇哲学意蕴的诠释和阐发，而非具体字、词的训释，其内在旨趣在于引导读者从整体上比较真切地进入《庄子》的文本。陈赟、方旭东教授曾校读了本书的初稿，在此深致谢忱。本书的研究，同时纳入华东师范大学"历史和全球视野中的老子学说及其大数据分析——老子思想的源头、内涵、未来和域外影响的考证与解析"研究项目。